-보잘 것 없는 은퇴목사의 숨겨진 삶의 스토리-

나는 살아야 할 이유가 있다

보잘 것 없는 은퇴목사의 숨겨진 삶의 스토리

나는 살아야 할 이유가 있다

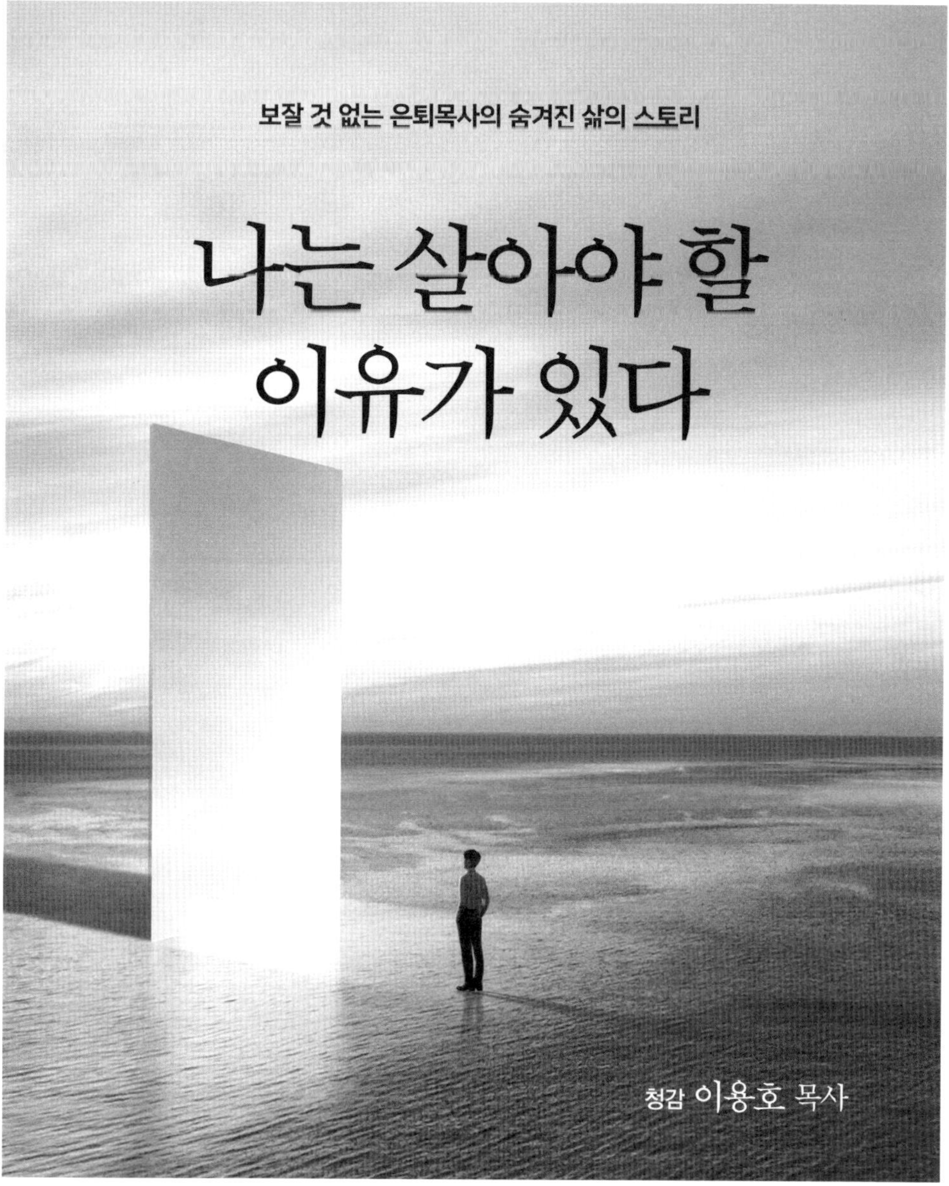

청감 이용호 목사

도서출판 영문

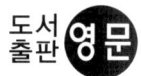

머리말

"연탄재 함부로 차지 마라
너는 누구에게 한 번이라도 뜨거운
사람이었느냐"

　　　　　　　　　안도현 - 너에게 묻는다.

"아우여
인생에서 3등은 괜찮다.
그러나
3류는 안 된다…."

　　　　　　　　　정현수 - 아 인생이여.

"괜찮아, 넌 잘하고 있어
승자는 있을 수도 있어요
그렇지만 패자는 없는 겁니다"

　　　　　　　　　　　　이세돌

나는 위 세 사람의 메시지를 늘 새기고 살아 왔다.

담임목회를 40년 하고 은퇴한 지 벌써 10년 세월이 날아 갔다. 8순의 문턱에서 주님이 부르실 날이 얼마 남지 않은 종말론적인 삶을 사는 지점에 서 있다.

되돌아 보니 내가 살아야 할 이유가 있었다. 숨겨진 삶의 스토리가 있었다. 나는 설교 중에 내 신상이나 가족 이야기로 간증을 거의 하지 않았다. 이젠 작은 삶의 발자취이지만 이 책자로 해 본다.

보잘 것 없다.

부끄럽다.

그런데 주님의 손길이 놀라웠다.

그래서 포기하지 않았고

유혹과 실수와 범죄를 이길 수 있다.

은퇴 후 보람과 성과가 더 하는 시간이 행복하다.

10여 년 간 매년 주일설교 초청이 30여 회와 평일의 행사에 설교와 축사 격려사 축도 장례식 집례 결혼 주례 등으로 무려

평균 60여 회를 지든다. 토론 행사에 패널로, 각종 친목회의 행사도로 자주 부름을 받는다.

감사 또 감사한 일이다

나의 이 작은 책을 나의 목회 절반을 담당해 준 아내에게 드린다.

2024 여름

이용호

Contents

머리말 ······ 5

제1부 영전과 소명

행복한 유년시절의 착각	15
부끄러운 집안 이야기	19
구세주 외삼촌	20
영적전투와 소명	22

제2부 도전과 연단

자취생활의 애환	33
무당신과 예수	36
또 다른 영적 전쟁	40
첫 사역지	41
멘토 박치덕 목사	44
개척교회의 도전	45
선교사 낙제생	48
담임목사 청빙과 하나님의 뜻	50
예배당 건축을 향한 여정	53
서울이라는 목회 무대	55

제3부 보람 있는 일들

선교지 순방의 보람	65
네 번의 수술	70
백내장 수술과 가모활용	72
산복이 많은 동네	75
월드컵 4강전 관람	79

제4부 소중한 사람들

바나바 같은 동역자	87
유니게 같은 여성 동역자	95
목회와 여성 동역자	98

제5부 목회여담

Dr.한의 죽음   107
진정한 감사   110
베델성경대학의 애환   113
강단에 신발 신기   116
전례와 새 전례   118
낙선의 교훈   123
2015년의 두 사건   126

제6부 취미생활의 멋

책과 독서   137
여행의 멋과 행복   140
운전과 007작전   142
노년의 취미생활   145
부부가 함께 하는 취미생활   148
등산   148
자전거 트레킹   149
텃밭 가꾸기   150

제7부 불명예스러운 경력들

총회전권위원	159
특별조사위원	160
총회재판국장	160
총회선교위원장	160
학교법인 감사	160
총회장	160
노회전권위원회 13회	161

제8부 가족이야기

형님의 두 얼굴	167
예수는 안 믿고 교회를 돕다	168
부모님과의 추억 스토리가 없다	170
영적인 고립감	173
결혼과 신혼생활	176
마누라 자랑은 팔불출	179
아내는 내 생애 하나님이 주신 최고의 선물이다	182

퇴임인사 ······ 185

영전과 소명

행복한 유년시절의 착각

　나의 유년시절은 6.25 한국전쟁이 일어난 해에 5살이었고 피난생활에서 돌아왔을 때 7살이었다. 온 나라가 전쟁의 폐허 속에서 극심한 가난과 생존에 허덕이던 시기였다. 그런데도 나는 너무나 행복했다. 왜냐하면 자주 쌀밥과 떡을 먹고 심지어 돼지고기와 닭고기도 먹는 일이 종종 있었기 때문이다. 알고 보니 우리 집은 종가집에 제사가 연중 열 번도 넘는 조상숭배에 광신적인 집안이었다. 아버지는 빚을 내어서 조상제사를 극진히 모셨다. 그때마다 우리 집은 쌀밥과 떡과 고기를 먹는 기회가 많았고 나는 너무나 행복한 유년시절을 자랑하면서 자랐다. 떡을 한 조각 들고 골목에 나가면 아이들이 한입 얻어먹으려고 내가 시키는 대로 소먹이는 종노릇을 했고 나는 골목대장이 되어 신이 났다. 훗날 철이 들고 보니 모든 게 빚으로 제사 지낸 불행이었고 우리 집은 점점 망하는 길로 빠져들고 있었다. 나의 유년시절의 행복은 착각이었다. 잠시 후 나의 청소년 시절의 불행이 나의 행복을 산산조각이 나게 하고 말았다.

종가집의 구조는 장손 즉 장남 중심이었다. 그 지독한 보릿고개 시기에도 할아버지와 장남의 밥그릇에는 쌀밥이 조금씩 섞여 있었다. 그 외 식구들은 꽁보리밥도 양대로 먹지 못할 만큼 차별된 식생활이 일상이었다. 나는 일곱 살 위의 형이 너무나 미웠다. 동생들이 천대받는 일을 오히려 당연한 듯 늘 형은 당당했다.

더욱이 불행한 일이 닥쳐왔다. 공부는 장남만 하면 된다는 종가집의 오래된 인식이었다. 그래서 상대적으로 누나와 나와 남동생은 배우지 않아도 괜찮고 농사일에만 열중하면 된다는 관습이 내게 불행으로 다가왔다. 심지어 딸은 학교에 갈 필요도 없다는 고집으로 초등학교에도 보내지 않았다. 나보다 세 살 위인 누님은 한평생 글을 모르는 문맹자로 사셨다. 그 긴 세월에 배우지 못한 설움을 어찌 견디셨을까 생각하면 늘 불쌍한 감정이 든다.

나는 초등학교 4학년부터 우등생으로 공부하면서 6학년 졸업할 때엔 전교 1등 수석으로 졸업했다. 그 당시 상상도 할 수 없는 교육감상을 받았고 상품으로 국어대사전을 받았다. 그 사

것은 학교에도 없는 귀중한 책이었다. 66년이 지난 지금도 그 책을 가보로 산직하고 있다.

하나님은 제게 공부를 잘하는 지능을 주셨다. 책을 읽으면 저절로 외워지기도 하고 산수문제는 혼자서도 잘 푸는 편이어서 공부하는 일이 늘 즐거웠다. 한번은 담임선생님이 학교 학예회에 국어책에 실려 있는 "글자 이야기"라는 긴 내용을 외워서 발표하라는 과제를 주셨다. 나는 쉽게 외워서 발표하여 칭찬을 받기도 했다.

그런데 아버지는 초등학교 수석으로 졸업한 둘째 아들을 중학교에 보내지 않았다.

첫째, 자녀에 대한 교육열이 전무했다. 종가에선 장남만 배우면 된다는 강한 인식이 교육시키고자 하는 열정을 지워버렸던 것이다.

둘째, 형이 고등학교를 졸업하거든 그때 가서 한번 생각해 보자고 아버지는 나를 달래셨다. 시기적으로 형이 중학교를 3년 늦게 진학했기에 고등학교를 졸업하기까지 4년이 걸린다. 그때까지 기다리라는 것이다. 즉 너는 공부 안 해도 된다는 생각이셨다.

사실 아버지와 어머니는 교육을 받지 못한 무식한 촌노이셨다. 아버지는 겨우 글을 천천히 한자씩 읽을 정도이시고 어머니는 문맹자로 일생을 사셨다. 자신들이 못 배우셨으면 한이 서려서라도 아이들은 공부를 시키고자 하는 열망을 가진 부모마음이 일반적일 텐데 아버지와 어머니는 전혀 자녀교육 열망이 전무하신 인식이었다.

셋째, 찌든 가난 때문에 교육을 받지 못했다. 알고 보니 형이 중고등학교를 다니면서 논과 밭을 다 팔아서 장남만 공부하게 하셨던 것이다. 내가 하도 공부하기를 원하니까 아버지는 동네 서당에 보내셨다. 천자문부터 한문공부를 했는데 보통 일반인들은 천자문을 1년 과정으로 배우는데 나는 2개월 만에 다 익혔고 명심보감과 소학 상권까지 읽었는데 불과 1년 만에 한문으로 된 그 당시 신문을 불편없이 읽을 수 있었다.

사실 그 시기에 중고등학교에 가서 영어, 수학, 물리, 화학 등을 배웠더라면 얼마나 큰 공부를 할 수 있었을까 라는 지금도 후회스러운 감정이 남아 있다.

나의 유년시절은 제삿밥과 제사떡 때문에 행복했지만 허망한 착각이었다. 청소년 시절은 그 명석한 두뇌로 기초공부할 시기를 놓쳐버린 애석한 시기였다.

부끄러운 집안 이야기

　내가 목회자가 되어 수천 번의 설교를 했다. 주일예배와 집회 새벽기도회와 각종 행사에 헤아릴 수 없이 많은 설교를 했다. 그러나 한 번도 부모나 우리 집안 이야기로 간증을 해 본 적이 없다. 미담도 없고 스토리도 없다. 비로소 은퇴한 교회에서 우리 집안 스토리를 간증했더니 성도들이 충격을 받을 정도로 놀랐다. 이제는 그 놀라운 집안 이야기를 솔직하게 말 할 용기를 가졌다.
　우리 집은 대대로 종가집이었다. 가세가 기운 가난한 종가였다. 할아버지와 아버지는 무학의 촌노로서 조상숭배에 앞장서서 재산과 열정을 쏟고 사셨다. 극심한 가난에 시달리다 보니 고을에 신 참봉이라는 천석꾼 부자에게 가서 소작농을 얻어서 겨우 먹고 사는 일을 하셨다. 후에 내가 철이 들고 보니 놀랄만한 숨은 계약이 있었다. 신 참봉은 소작농으로 논을 몇 마지기 주는 조건으로 조상의 묘지가 있는 선산을 관리하게 하고 10월의 시묘 때는 세 곳의 선산에 어마어마한 제사음식을 장만하여 시묘하게 하는 일을 하도록 계약을 맺은 것이었다. 그 당시만 해도 가장 천한 직종이 소작농과 산지기, 백정이었다고 한다. 부모님은 소작농과 산지기라는 멍에를 메고 자기 조상만 아니라 남의 조상제사까지 수종드는 종살이를 자처한 것이었다. 이 집안의 숨은 사실을 알고 나니 부모님이 너무나 불쌍해 보였고 나 자신도 천민의 자식이라는 수치심이 나를 얽메이게 했다.

나는 청소년시기에 갈등과 방황을 겪게 되었다. 동네 친구 둘과 어울러 어린 나이에 소주를 마시는 일이 가끔 있었다. 술맛을 알아갈 무렵 교회에 다니는 친구가 나를 교회에 가보자고 전도했는데 내가 집에 들어가기도 싫은 상태였기 때문인지 아무 생각 없이 16살 때 처음 교회에 가 보았다. 초가집 예배당에 30여명이 모이는 시골교회에 갔는데 그 후 한 주일도 안 빠지고 그저 교회에 놀러 갔다. 집이 싫어졌고 산에 가서 나무해 오고 농사일 거드는 일도 싫어졌다. 믿음도 없이 친구와 어울려 교회를 다니기만 했다. 그렇게 나의 신앙생활이 시작되었다.

구세주 외삼촌

어느 날 부산에서 미곡상을 하신다는 외삼촌이 우리 집에 오셨다. 처음 뵙는 외삼촌에게 아버지는 나를 소개시켜 주셨다. 그리고는 우리 애가 머리가 좋아서 공부도 잘했지만 돈이 없어 학교에 못 보내고 농사일을 돕는다고 하셨다. 그때 외삼촌이 놀라운 제안을 하셨다. 부모님에게 내가 이 조카를 데리고 가서 우리 아이들 가정교사로 공부를 시켜 볼테니 주카를 보내달라고 하셨다. 부모님은 허락해 주셨고 나는 외삼촌을 따라 부산이라는 대도시에서 새로운 세계를 접하게 되었다. 낮에는 가게 일을 돕고 오후엔 가정교사로 외사촌 동생 4명에게 공부시키고, 저녁에는 학원에 가서 중학교 1학년 과정부터 기초공부를 하게 되었다. 그리고 2년 후 외삼촌의 주선으로 배정고등학교 야간부에 어렵사리 입학하게 해 주셨다. 그토록 되고 싶었던 고등학생이 되어 교복과 뱃지를 달고 교모를 쓰고 방학 때 고향에 갔더니 모두가 나의 변신에 놀랐고 칭찬도 자자했다. 나는 열심히 공부했다.

그러나 수년간의 학업공백은 한계가 있었다. 국어는 단연 1등이었으나 그 외 과목은 늘 기본점수 커트라인에 머물렀다. 아무리 두뇌가 있다 할지라도 내 실력으로는 한계가 있었으나 무엇이든 할 수 있는 자신감을 얻게 되었다. 이렇게 내가 고등학교 과정을 공부할 수 있었던 것은 내게 큰 행운이었고 외삼촌의 하늘 같은 은덕이었다. 나는 깨달았다. 이 땅에서 제일 불행한 사람은 교육을 받지 못한 사람이라고 여겼다. 이는 불쌍하다는 개념과 다르다. 사실 교육을 받아도 불쌍하게 사는 사람도 많고 교육을 못 받아도 행복하게 사는 사람도 많다. 내가 교육을 못 받은 사람이 불행하다는 것은 만약 교육을 제대로 받았다면 얼마든지 발전하고 또 좋은 기회를 살릴 수도 있다는 의미이다.

나는 정말 행운아였다. 왜냐하면 교육을 받을 기회를 얻었고 외삼촌이라는 대인을 만났기 때문이다. 고등학교를 졸업한 그 배움이 훗날 신학대학에 진학할 길을 열어 주었고 신학을 전공할 수 있는 바탕이 된 것은 내 일생의 행복에 신의 한 수가 되었다.

영적전투와 소명

고등학교 졸업 후 대학을 진학할 여유가 없어서 고향집으로 와서 새로운 계획을 세웠다. 그동안 변함없이 교회예배에 참석하는 일은 계속되었다. 고향 모교회에 출석하면서 신앙생활은 외롭게 하고 있었다. 그러던 중 군청에서 임시직 공무원을 채용한다는 정보를 듣고 응시하게 되었다. 1명만 채용하는데 내가 뽑혔다. 채용된 주 조건은 내가 한문을 읽고 쓰는데 가장 우수한 점이었다. 그 당시 관공서 문서는 전부 한자였기에 행운을 얻었다. 인턴공무원은 정식공무원으로 가는 길목이었고 온 집안의 경사이기도 했다. 온 마을 사람들이 축하해 주었다.

그런데 내가 배정된 부서는 산림계 산하 사방 관리소였다. 당시 5.16 군사정부 초기에 헐벗은 산을 가꾸는 치산치수 정책에 따라 나무심기에 묘목이나 비료 등 부역하는 농민들에게 지급

할 밀가루가 많이 지원되었다. 그것을 관리하는 부서가 사방과 리소였다. 즉 음성수입이 가장 많은 부서로 가장 경합이 센 자리였다. 가서 보니 비료나 밀가루를 절반 가까이 불법으로 뒷거래 하여 목돈을 챙기고 그 돈으로 기생집에서 술파티를 즐기는 부정부패가 만연했다. 내가 그 비밀을 지켜 주어야 하고 이중장부를 꾸미는 불법행위를 내 손으로 저지르는 일이 너무나 마음 아팠다. 지나고 보니 하나님께서 내 양심을 지켜주셨다고 본다. 이런 짓을 하면서 내 미래를 맡길 수 없다는 결심을 하고 사표를 내고 내 미래를 수정하게 되었다. 가족들과 주변 사람들이 왜 그런 직장을 박차고 나오느냐고 책망하였으나 나는 공무원의 길을 마다하고 미래의 비전을 수정했다.

그 일 후에 내가 한 번도 읽어보지 않았던 성경책을 읽기 시작했다. 오전에 뒷산에 올라가 해질 무렵 글자가 잘 안보일 때쯤 집으로 왔다. 의미도 모르고 그저 읽기만 했다. 믿음의 체험도 없이 교회에서 21세 때 세례를 받았다. 그렇게 1년여 지났을 즈음 우리 집에 큰 사건이 일어났다.

일곱 살 위의 형이 목에 병이 나서 심한 고통을 앓았다. 읍내 병원에 가서 치료를 받아도 낫지 않았고 점점 악화되어 마치 죽을 것 같은 상태로 먹지도 못하고 통증에 시달렸다.

이때 무속에 광신자였던 어머니가 무당에게 가서 점을 보았다. 기막힌 점괘가 나왔다.

"당신 집에 예수 믿는 아들이 있지. 그 아들 때문에 조상이 화가 나서 장남을 쳤어."

라고 했다.

어머니는 처방을 달라고 했더니

"예수 믿는 아들을 집에서 내보내야 장남이 산다."

는 것이었다. 그 점괘를 받고 온 어미는 그날부터 나를 대하는 시선과 표정이 돌변했다. 밥은 먹여주되 내 어머니가 아닌 것처럼 나를 외면했다. 마치 온 집안을 망하게 할 놈, 장손이 죽을 화를 불러일으킬 놈 등 분노에 찬 표정으로 부모님은 나를 내보낼 궁리만 하는 것을 눈치 챘다. 어느 날 나를 부르신 부모님은 네가 장가를 가서 살림을 차려 나가든지 객지에 가서 취직을 하여 나가든지 둘 중에 선택하여 집을 나가라는 제안이었다. 그러나 내게는 압박이었다. 나는 둘 다 여건이 안 된다고 거절하였다. 그리고는 동네에 있는 빈집에 이불을 갖고 가서 잠을 자면서 집을 떠나 있었다. 하도 분하고 괴로워서 교회 전도사님께 가서 사정을 말하고 상담을 하면서 내가 갈 길을 찾던 중 전도사님께서

"이 선생, 하나님께서 종으로 부르시는 것이 분명해요. 신학교에 가서 신학을 하고 목사의 길을 가는 것이 좋겠는데 기도해

보세요."라는 것이었다.

나는 귀담아 듣지 않았다. 그저 성경만 읽으면서 시간을 보내는데 점점 내 마음에 신학공부를 한다면 집을 떠나서 살 수 있겠다는 생각에 관심이 갔다. 전도사님께 정보를 받아서 신학교 입시공부를 했다. 시험과목은 국어와 영어, 성경과 일반상식이었다. 시험일자는 9월이었고 남은 기간이 3개월밖에 남지 않았다.

가족 몰래 신학교시험에 응시했다. 겨우 합격하였다. 개학을 앞두고 부모님께 보고해 드렸다.

"제가 집을 나가도록 하겠습니다."

부모님은 어디로 가냐고 물으셨다.

"제가 신학공부를 하기 위해 시험을 쳐서 합격을 했습니다."

신기한 듯 계속 물으셨다.

"거기 공부하면 뭐 하는데?"

"몇 년이나 공부하는데?"

목사가 되기 위함이고 7년을 공부한다고 말씀드렸더니

"목사가 되면 돈을 많이 벌 수 있니?"

동문서답이었다.

나는 간곡한 부탁을 드렸다.

"한 학기 등록금만 해 주시고 제가 자취할 창고도 알아봤으니까 쌀 한 말과 된장 얼마만 주십시오."

나는 그래서 집을 떠났다. 하나님의 방법이라는 걸 먼 훗날에야 깨달았다. 하나님은 저를 선택해 주시고 주님의 방식으로 저를 우상의 집에서 불러내어 주셨다.

내가 집을 떠난 후 신기하게도 형의 목병이 점점 나아져서 건강해졌다. 어떻게 해석해야 할 일인지 모르겠다. 그 점쟁이가 예수를 알아봤다는 게 신기하다. 그 점괘대로 내가 집을 떠난 후 장자가 건강하게 살아났다는 것도 용하게도 맞아떨어졌다. 조상 숭배와 무속에 광신적인 집안에서 영적 전투가 있었고 내 안에 계신 성령께서 나를 승리의 길로 인도해 주신 줄로 확신한다.

내 안에 믿음은 보잘 것 없었지만 하나님의 손길은 나를 붙잡아 주시고 주님의 의도하신 뜻대로 자신의 그릇으로 쓰시기 위해 영적 전투에서 이기게 하셨다. 내게는 신앙의 첫걸음부터 혹독한 대가를 치르게 하셨다. 엘리야가 갈멜산에서 싸운 그 영적 전투가 지금도 여전히 치러지고 있는 현실이다.

시내산 일출 기도

제2부

도전과 연단

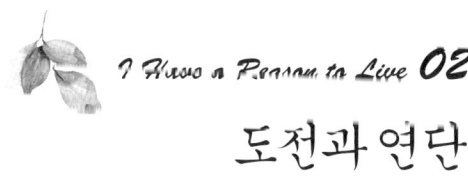

도전과 연단

자취생활의 애환

내가 고려신학교에 입학한 후 자취생활을 시작했다. 학교 기숙사에 들어가면 식사를 사 먹어야 하기에 부담을 줄이기 위해 자취를 하게 되었다.

사실은 방을 구하지 않고 자취할 수 있는 여건이 있었다. 학교 외곽에 사용하지 않고 방치된 작은 규모의 창고 비슷한 건물이 몇 동 있었는데 이미 선배들이 몇 사람 자취를 하고 있었다. 한 건물에 서 너 명씩 띄엄띄엄 자리를 잡고 있었다. 나는 같은 학년인 두 친구와 함께 빈 건물에 자리를 잡았다. 군대에 쓰던 야전용 침대와 석유곤로로 시작된 자취생활이 3년간 지속될 줄은 몰랐다. 전체 10여명이 자취를 했는데 동창인 현재의 임종수

목사와 고 김양광 목사가 고락을 함께한 추억이 있다. 김 목사는 교회를 섬기고 있었기 때문에 주말에 교회로 가서 주일을 섬기고 월요일에 올 때는 반찬을 얻어 가지고 와서 나눠 먹은 기억도 나고 열악한 환경과 궁핍한 식생활에도 신학공부를 하는 일만은 기뻤고 하나님이 나를 신학교에 보냈다는 소명감에 있었다.

나는 1년간 주로 고향 집에 가서 쌀과 국수를 공급받고 반찬은 된장으로 지탱했다. 50년이 지난 지금 3년간의 자취생활 애환을 몇 가지 새겨보고자 한다.

먼저, 주식은 국수였다. 가장 쉬운 요리요 반찬도 필요 없는 식재료였기 때문이다. 구수를 삶아서 라면을 끓이듯이 육수 삼아 소금을 조금 넣어 간을 맞춘 후 그대로 먹는 내 방식의 국수요리였다. 얼마나 많이 먹었는지 아침과 저녁식사는 대부분 국수였다. 가장 헐한 식재료이고 그 당시 서민들이 즐겨 먹는 식재료였기 때문이다.

한번은 어쩌다 밥을 하게 되었다. 그럴 때는 된장국을 끓여서 반찬을 만들었다. 시장에서 채소를 사 올 여건이 아니었기에 부근 빈터에 자생하고 있는 호박잎을 따서 넣기도 하고 제철에 해당되는 나물거리들을 뜯어 와서 된장국을 끓이면서 그것도 밥과 함께 먹는 별미였던 것이다.

내가 대학부 1학년 때 부산의 중심교회 중 하나인 남 교회에 출석하면서 신앙생활을 했다. 고 한명동 목사님이 제게 중등부 교사로 가르치게 하셨는데 그때 성도들을 통하여 위로를 받고 힘을 얻었다. 한번은 한 목사님께서 어느 권사님 댁 식사에 나를 함께 초대해 주셨다. 그때 태어나서 처음으로 해물탕을 먹었는데 그 맛은 평생 잊을 수 없는 추억으로 남아 있다. 하나님께서 제대로 먹지도 못하는 신학생에게 별미로 보충해 주시는 기회가 가끔 있었다.

또 한 번은 겨울을 지나기 위해서는 반찬으로 김치가 필수식품이었다. 그래서 한 번도 경험이 없는 김치를 담그기로 하고 배추를 몇 포기 샀다. 고춧가루와 소금도 샀다. 배추를 잘라서 작은 단지에 넣고 소금과 고춧가루를 섞어서 물을 조금 붓고는 며칠을 기다렸다. 기대감을 가지고 뚜껑을 열었더니 물이 가득 차 있었다. 그리고 고춧가루는 그대로 물에 떠 있었고 배추는 생배추 그대로였다. 다시 물을 붓고 고춧가루를 넣고 그 이튿날 보니 똑같이 물이 차 있었다. 알고 보니 배추를 소금에 절여 숨을 죽이고 김치를 담가야 하는데 그 결정적인 절차를 몰랐던 것이다. 그 실패담을 여자들에게 들려주었더니 배꼽을 잡고 웃으며 애처로워했다.

내가 대학부 2년 차 시기에 한산도에 있는 동좌 기도소에서 전도사를 구하는 정보를 듣고 지원하여 부임하게 되었다. 그 후로 식생활에 여유가 생겼다. 쌀과 마른반찬 등을 교인들로부터 지원받아 별걱정 없이 먹고 지내면서 공부할 수 있었다.

그러나 여전히 용돈의 여유가 없었고 자취생활을 면할 수 없는 환경이 지속되었다. 대학부 3학년 때 충무제일교회 전도사로 초빙을 받아 부임했다. 25살의 총각 전도사 시절이었다. 그 이듬해 4학년이 되던 해 드디어 자취생활을 끝내고 기숙사에서 숙식하면서 공부하게 되었다. 새로 입학한 기분이었고 하루 하루가 기뻤고 감사했다. 사실 자취기간 중 하루에 두 끼만 먹은 적이 매주 두 세끼나 되었고 그 3년간의 환경은 하나님께서 나를 영육으로 연단하신 은혜의 시간이었고 주님의 보이지 않는 사랑의 손길이셨던 것이다. 모든 것이 영적인 전투였고 하나님의 손길이 도우셨다.

무당신과 예수

어머니와 누님은 무속에 깊이 빠진 무속신앙인이었다. 1년에 큰 굿을 한판씩 할 정도로 광신적이셨다. 가족이 아프면 무당을 불러 미니 굿으로 처방을 한다. 나도 여러 번 무당이 굿으로 치료를 받으면서 자랐다. 내가 겪은 두 가지 사건과 아내가 겪은 한 가지 사건은 무당신에 대한 이해할 수 없는 행동이다. 무당도 예수를 인지하면서 거기에 반응하는 행동을 보여준 것이다.

첫 번째 사례이다. 내가 교회를 다닌 지 5년 된 21살 때 세례를 받았다. 부모님과 형제들은 종가집에서 조상숭배와 무속에 빠져 있었기 때문에 나를 못마땅하게 여겼다. 내가 교회를 다니지만 신앙심이 깊지도 않았고 성경도 읽어본 적이 없이 예배생활을 열심히 한 정도이다. 그런데 형에게 복병이 발생하여 잘 먹지도 못하고 말도 잘 못하면서 고통에 시달렸다. 읍내 병원에 가서 치료를 받았지만 차도가 없었다.

그러다가 어머니가 무당에게 가서 점을 보았는데 기가 막히는 점괘가 나왔다. '집안에 예수 믿는 아들 때문에 조상신이 놀라서 장손에게 화풀이를 한다'는 것이다. 그런데 장손을 살리는 처방은 '예수 믿는 식구를 집에서 쫓아내야 한다'는 것이다.

그 시기에 나는 신학교에 입학하여 집을 떠나게 되었고 내가 떠난 후에 형의 목병도 나았다고 한다.

무당이 예수 믿는 사람 때문이라는 진단과 예수 믿는 사람이 떠나야 장손이 산다는 기막힌 처방이 그대로 맞았다는 점이다.

두 번째 사례이다. 내가 신학교에 다니면서 방학을 맞아 고향집에 왔다. 마침 그 이튿날 아침에 무당이 와서 미니 굿을 했는데 내가 유심히 지켜보다가 신기한 광경을 목도했다. 굿판의 마무리순서인데 무당이 주문을 외우면서 바가지에 물과 부엌칼과 숟가락과 수저를 담아 대문에 가서 뿌리고는 칼을 잡고 땅에 십자가를 긋고 꽂는다. 그것이 마지막 순서이다. 내 눈에 확 들어오는 장면에 왜 칼을 꽂을 때 십자가를 긋고 꽂는가? 그냥 꽂아도 될 건데, 이상하게 십자가는 기독교를 상징하는 표시인데 이상하다고 여겼다. 굿을 마친 후에 내가 무당에게 물었다.

"할머니, 칼을 꽂을 때 십자가를 그리던데 왜 그렇게 하세요?" 그때 무당의 입에서 더 신기한 대답을 들었다.

"나는 잘 모른다. 그 십자가를 그어야 귀신이 나간다. 안 그으면 안 나가!"라는 것이다.

"그 십자가는 예수님을 상징하는 표시인데 왜 할머니가 사용하세요?"라고 물었다.

"더 묻지마! 나는 그 뜻은 모른다니까"라는 것이다.

참 이상하고 신기하네.. 무당도 십자가 능력을 빌려서 귀신을 쫓아내는구나. 그러면 무당도 하나님의 은혜로 먹고 사는구나. 지금도 의구심이 남아 있다.

세 번째 사례이다. 내가 미국에 목회 연수차 몇 개월 머문 기간에 어머니께 병환으로 위독하다는 전갈을 받았다. 아내 혼자

병문안차 고향 집에 갔다. 그날 마침 무당을 불러 굿을 하고 있었다. 평소에 하시던 일이다. 식구 중 누구라도 병을 앓으면 낭연히 굿을 하여 살아오신 어머니시다.

아내는 몹시 당황했다. 그러나 돌아 나올 수도 없고 용기를 내어 집 안에 들어갔다. 어머니와 형수와 식구들이 놀랐다. 아내는 어찌할 바를 몰라 마루에 앉아서 사도신경을 계속 외우면서 기도를 하고 있었다. 잠시 후 무당의 굿판이 멈추었다. 무당은 징과 꽹과리와 소품들을 챙겨 서둘러 굿판을 철수하고 말았다. 아내가 그 광경을 직접 경험하고는 내게 자세히 알려 주었다. 무당신이 예수 믿는 성도가 있을 때는 두려워하면서 강신이 안 되는구나 라고 여겼다.

위의 세 가지 사례는 우리 부부가 직접 겪은 일로서 무당도 예수를 알고 두려워하면서 인식은 하지만 믿고 순종하는 일은 못한다는 것도 알게 되었다. 성경에도 암시가 있다. 귀신들도 예수의 이름과 성령의 능력을 두려워하면서 떤다고 했다.

귀신의 존재는 성경이 말하고 있고 악령의 역사로 온갖 범죄가 저질러지고 있다. 그러나 예수는 만왕의 왕으로서 모든 악령을 다스리신다. 그는 참 신이시고 전능하신 하나님이시기 때문이다.

또 다른 영적 전쟁

신학교 대학부 과정에 입학하고 보니 공부가 너무 힘들었다. 헬라어와 히브리어 공부가 벅차고 다른 과목도 매우 어려웠다. 더 어려운 점은 경제적인 빈곤이었다. 저녁은 거의 매일 국수를 삶아서 소금만 넣어 먹기 일쑤였다. 점심은 안 먹고 지나갈 때가 많았다. 참으로 적응하기 어려운 시기였다. 기숙사에 들어갈 돈이 모자라 학교에서 5백여 미터 떨어진 곳에 버려진 창고 건물이 있는 데서 신학생 4, 5명이 거기서 노숙자처럼 자취생활을 하였다.

그러던 어느 날 내게 한 통의 편지가 왔다. 외사촌 자형이 보내 편지였다. 그는 중소기업 사장으로서 자립을 한 자수성가한 사업가였다. 내용은 나를 회사의 총무부장으로 직책을 맡기겠다는 특별채용 소식이었다. 숙소도 주고 월급도 주면서 장래를 보장해주겠다는 조건이었다. 그 이유는

"처남 된 자네를 믿기 때문이다."

라고 했다. 전직 직원이 주인을 속이는 불미스런 사건이 있었기에 무엇보다 처남은 내가 신임하니 속히 회사로 출근해 달라는 것이었다. 그 유혹은 너무나 강렬했다. 돈도 없고 학업도 어려워 고통스러워하는 내게는 달콤한 희망이었다.

그런데 새벽기도를 할 때는 하나님께서 내가 너를 신학교에 보냈으니 인내하라는 마음을 주셨다. 낮에 공부할 때는 이 고생을 버리고 직장으로 달려가고 싶은 충동으로 흔들렸다. 편지를 꺼내어 읽다가 접어두고 또 꺼내어 읽기를 반복하면서 갈등에 빠졌다. 휴학계를 내려고 교무실 문고리를 잡고 고민도 하다가 또 돌아서고 편지를 꺼내어 읽을 때는 회사로 가야지 하는 시간이 한 달여 동안 나를 괴롭혔다. 어느 날 편지를 읽다가 이걸 없애버리면 생각이 나지 않겠지 하는 마음이 들어서 찢고 또 찢어 바람에 날려버리고 사장인 자형에게 신학공부를 하기로 결심했다고 거절하는 서신을 보냈다. 그러나 계속 요청해왔지만 나는 하나님의 부르심에 순종했다. 참으로 극복하기 어려운 또 다른 영적전쟁이었다. 그 후로 안정을 찾고 학업에 적응하면서 1년을 견딜 수 있었다.

첫 사역지

대학부 2학년이 되던 해 나의 첫 사역지가 정해져서 부임하게 되었다. 그곳이 통영군 한산면 동좌리에 있는 작은 교회였다. 교인은 성인이 8명이었고 주일학생은 40여명이 모였다. 물론 미자립교회요 조그마한 초가에서 예배를 드렸다. 나의 첫 부임지이기에 기쁨으로 섬겼다. 부산 부두에서 여객선으로 통영까지 2시간, 그리고 오후 3시경에 욕지행 여객선을 타고 1시간 거리의 동좌리에 도착한다. 부산에서 토요일 통영항에 와서 무려 3시간을 기다렸다가 조그마한 여객선으로 교회까지 가는 길이다. 당시 여객선 요금은 부산에서 통영까지 2백원, 통영서 동좌리까지 5십원이었다. 내가 교회와 독지가로부터 받은 사례금은 2천원이었고 꼭 여객요금에만 다 쓰여졌다. 날씨가 안 좋으면 심한 배 멀미에 시달렸고 한 번은 통영서 배 엔진이 고장 나서 밤새 수리하여 주일 아침에 도착하기도 했던 적이 있었다.

내가 섬 교회에서 사역하는 동안 놀라운 사건 두 가지를 들으면서 큰 용기를 얻었다.

한번은 사라호 태풍에 전국이 피해를 입은 재난 중에 동좌리 어귀에 있는 동네 수호신으로 섬겨온 살구나무가 쓰러졌다. 그 큰 나무가 동네 하나밖에 없는 길을 막아버렸다. 그런데 문제가 생겼다. 그 나무를 신으로 섬기던 불신자 동네 주민들은 해를 입는다는 미신에 사로잡혀 아무도 그 나무를 톱으로 베거나 도끼로 자르지를 못하고 난감해 하였다. 그러자 주민들이 교회에 와서 예수 믿는 사람들은 귀신의 해를 입지 않는다고 하니까 교인들이 베어서 사용하라고 부탁해 왔다. 교인들이 그 큰 나무를 잘라서 장작을 만들어 수년간 땔감으로 사용했다는 것이다. 무엇보다 큰 소득은 교인들이 예수님은 모든 귀신을 다스리는 왕이 시리는 신앙심을 체험하게 되었다고 한다.

또 한 가지 사건은 한산도 본섬에 소재한 교회에서 주일예배 중에 주민들이 돌맹이질로 예배를 방해하고 성도들이 상해를 입는 테러를 당한 일이 빚어졌다고 한디. 시연인즉 용왕제를 지내는 일에 교인들이 협조하지 않는데 대해 앙심을 품고 엄청난 폭력을 행사한 일이라고 한다. 그날 교인들은 예배당에 감금되어 공포에 떨면서 살벌한 주일을 보냈는데 몰래 탈출한 한 청년이 통영경찰서에 신고하여 마침내 경찰까지 출동하여 수습이 되었다고 한다. 그 당시 경찰서 경무과장이 충무제일교회 김서곤 장로였다. 그가 폭력을 저지른 주민들을 엄중히 경고하고 법치국가에선 있을 수 없는 중대범죄로 처벌하여 질서를 잡았다고 한다.

그날 후로 예수 믿는 사람 중에도 저런 높은 사람이 있다는 것을 알고 섬에서 폭력난동사건이 줄어들었다고 한다. 어촌교회 교인들은 우상숭배와 싸우고 막무가내로 핍박하는 주민들과의 관계에도 큰 부담이 있다는 것을 깨달았다. 나는 어촌의 작은 교회를 섬기면서 작은 교회는 있어도 약한 교회는 없다는 것을 깨달았다. 왜냐하면 예수 그리스도가 교회의 주인이시기 때문이다.

멘토 박치덕 목사

충무제일교회를 시무하시던 박치덕 목사님이 동좌교회에 당회장 순회를 오셨다. 벽촌 어촌교회에 오셔서 집사 임명과 세례식을 집례 하셨다. 1년 후 저를 충무제일교회 전도사로 청빙해 주셨다. 내 나이 25세 총각 전도사로 2년간 시무하다 박치덕 목사님이 부산범천교회를 시무하시게 되어 저도 부산범천교회 전도사로 부름 받아 신학교 3년을 졸업하기까지 시무했다. 박치덕 목사님은 서울중앙교회로 청빙 받아 이동하시고 나는 동래제일교회를 개척하기 위해 강도사 신분으로 사임을 하고 단독으로 교회를 섬기는 큰 출발과 도전을 하게 되었다. 박치덕 목사님은 8년간 저를 가르쳐주신 큰 어른이시고 훌륭한 멘토이셨다. 그는 겸손의 덕망과 인내의 모범을 보여주신 교단의 지도자이셨다. 총회장을 역임하시고 부족한 저를 용납해주시고 목회자로 성장하는데 결정적인 영향을 주신 멘토이셨다.

박치덕 목사님은 우리의 결혼주례자이시다. 또 딸 약혼식의 주례자이시고 우리 아들과 딸에게 유아세례를 베풀어주신 영적 아버지와 같으신 분으로서 우리의 영원한 멘토이셨다.

또 한 가지 귀한 인연은 박 목사님의 입관예배 설교를 내가 맡아서 섬기게 되었다. 그의 아들 박재우 목사가 내게 부탁을 하여 가시는 길에 배웅해 드리는 심정으로 추모해 드렸다.

그리고 한 가지 추억이 떠오른다. 1982년도 로스앤젤레스 디즈니랜드를 관람하던 중 10만명이 입장한 그곳에서 박치덕 목사님을 뵙게 된 일이다. 서로 놀라면서

"목사님 어떻게 이곳에서 뵙게 되어 반갑습니다."

라고 인사를 하자 잊을 수 없는 농담 한마디를 하셨다.

"이 목사가 미국 와서 허튼 짓 하는지 감시하려고 왔지."

하시며 함께 웃고 즐겼다. 기억에 새로운 추억으로 새겨져 있다.

개척교회의 도전

내가 강도사로 인허를 받고 1973년에 동래제일교회를 개척하는 새 출발을 했다. 집사님 두가정과 함께 5명이 가정에서 첫 예배를 드리고 유치원을 빌려 임시예배 처소를 삼고 시작하여 1년 만에 30여 명이 모이고 3년 만에 100여 명이 모이고 밭을 사서 60평의 예배당을 건축하여 입당하는 기쁨도 맛보았다.

하나님은 기적을 보여주셨다. 언덕배기에 있는 100여 평의 땅을 사서 예배당을 지으려고 계약을 했다. 중도금을 치르는 날이 다가왔다. 1974년도에 3백만원의 돈이 필요했는데 교회는 돈이 없고 지인들에게 빌려서 치르기도 했다. 나와 두 집사가 돈

을 빌리러 기도하고 길을 나섰다. 몇 곳을 방문하였으나 돈이 빌려지지 않았다. 중도금을 치르는 시간은 오후 6시다. 집사님들도 돈을 못 빌렸다. '아 계약금을 날리는구나. 하나님 도와주십시오.' 속으로 기도하면서 길을 걷고 있는데 범천교회 박복만 집사를 만났다.

"목사님 왜 이렇게 힘이 없어 보이세요? 몸이 아프세요?"

놀라서 인사를 하는데 내가 교회사정을 이야기하면서 울먹였다.

"아 그러세요. 제가 지금 은행에 가서 돈을 찾아 내일 재료를 구입하려고 했는데 교회가 중도금을 치르는게 더 급하네요."

박 집사님이 3백만원을 빌려주셔서 교회부지 중도금을 치르게 되었다. 하나님이 기적을 보여주셨다. 하나님께서 교회를 세워가시는구나 확신과 용기가 나를 강하게 해 주신 성령의 능력을 체험하고 예배당을 건축하는데 하나님의 도움의 손길들이 때를 따라 채워졌다. 박 집사님은 빌려준 3백만원을 헌금해 주셨다.

60평의 예배실을 마련하고 첫 입당예배를 드리는 주일예배의 감격과 감동은 잊을 수 없다. 성도들의 눈물의 기도와 피와 같은 헌신과 헌금으로 지어진 아버지의 집에서 개척교회의 보람과 성과를 맛보기도 했다.

환경적으로 가장 힘들었던 한 가지 고난이 있었다. 내가 거주

하는 집이 너무나 열악했다. 방 한 칸에 네 식구가 사는데 온종일 햇빛이 들지 않는 음지 언덕배기 밑에 있는 집이었다. 늘 습기가 차 있고 비가 오고 나면 장판 밑이 젖어서 걸레로 닦아내면서 살아야 했다. 작은 개미와 벌레들이 생겨나서 늘 없애면서 청소를 하면서 지냈다. 그런데 유치원생인 두 아이가 몸이 아프기 시작했다. 병원에 가 보니 결핵을 앓고 있었다. 의사가 결핵약을 먹어야 한다고 처방하면서 빠지지 말고 꾸준히 나을 때까지 먹어야 한다고 당부했다. 결핵약은 독하고 어린애가 먹기엔 강한 약이다. 알약을 삼킬 수가 없어 갈아서 먹였다. 얼마나 쓰고 먹기 어려운지 약 먹이는 일이 전쟁과도 같았다.

가난하고 힘든 것은 견딜 수 있는데 아이들이 결핵으로 병들어가고 약을 먹으면서 힘들어하는 모습을 지켜보는 부모의 심정은 너무나 힘든 고난이었다. 집을 옮기고 계속 투약하면서 아이들을 치료받게 하는 시간이 1년 6개월이나 지나서 아이들의 건강이 호전되어 마침내 결핵을 이겨내는 고통의 터널을 지나게 되었다.

땅을 사서 예배당을 짓는 일에 몰두하면서 짊어졌던 짐과 두 아이의 투병을 위해 전력을 다하는 사이 그토록 무성한 내 머리카락이 빠지기 시작했다. 나는 당황했다. 날이 갈수록 걷잡을 수 없이 머리카락이 빠지는 탈모로 인해 내 얼굴이 변해갔다. 너무

심한 스트레스가 쌓이고 쌓인 나머지 탈모라는 징조로 내게 경고를 주었다. 그렇게 시작된 탈모가 10여년 후엔 나를 준 대머리로 변형시켜 버렸고 50대 후반에는 완전 대머리로 체념에 이르게 되었던 것이다. 하나님이 내게 주신 훈장으로 받아들이고 대머리 상태로 지내는 것도 일상이 되어 버렸다.

개척교회 목회는 전적 하나님의 은혜와 기적적인 역사로 3년 만에 100여명이 성도가 모이고 자리하는 상태로 자리를 잡게 되었다.

선교사 낙제생

개척교회 4년 차 되던 해 내게 큰 계기가 찾아왔다. 총회선교부에서 나를 파리 파송선교사로 결정했다는 통보였다. 프랑스 파리에서 한인들이 80여명이 매 주일 모여 예배를 드리면서 마침내 교회를 설립하고 담임목사를 한국에서 청빙키로 했는데 그때 부산신흥교회 하기식 장로님이 부산대학교 교수로 파리에 연수차 가 있으면서 한인교회를 출석하였다. 그래서 고신교회 목사를 청빙키로 하여 하장로님에게 임무를 맡겼는데 하장로님이 총회선교부에 의뢰하고 선교부가 나를 지목하여 발탁한 것이니 총회를 대표하여 수락해달라는 것이었다. 나는 고민에 빠졌다. 교회도 자립하여 한 단계 더 성장해가는 시기인데 사면을 하고 떠나면 하나님이 기뻐하실까? 그 길이 하나님이 부르신 사명의 길인가? 기도하며 자문을 구하면서 하나님의 뜻을 찾았다.

드디어 파리 선교사의 길을 선택하고 기초훈련을 받게 되었다. 교회를 사면하는 일이 매우 힘들었다. 교인들은 나를 떠나보내는 아쉬움에 어찌할 바를 몰라 했다. 후문을 들으니 교회를 주축으로 섬기던 조금주 권사님은 철야기도 시간마다 눈물을 뿌리면서 교회를 염려하고 나를 떠나보내는 심정을 한참 동안 달래지 못하고 있었다고 한다.

나는 불어학원에 가서 기초공부를 했다. 알파벳과 기본회화 수업을 받았다. 우리 부부는 운전면허시험도 치렀다. 한 번 만에 두 사람이 면허증을 따고 출국을 위해 준비를 하고 있었다. 그런데 큰 변수가 발생했다. 그 시기에 유신정권이 공포되고 국내외에서 반정부운동이 일어났다. 특히 해외에 있는 기독교단체와 반정부 운동권 목사들이 해외에서 시위를 계속하게 되자 목사들의 출국을 전면 통제하는 조치가 감행되었다. 그래서 여권을 발행하는 일을 금지했다.

우리 부부는 교회를 사면하고 선교훈련 중 출국 준비를 갖추고 있었고 파리에서는 하루라도 빨리 부임해 달라는 전갈이 계속 왔지만 여권이 발급되지 않아 하염없이 해제되기를 기다리게 되었다. 1년이 지나고 2년이 지나도 여권 동결이 해제되지 않았다. 총회 선교부가 난관에 봉착했다. 파리 한인교회 기다림에 한계가 왔다. 당사자인 우리 부부도 지쳐 있었다. 가망이 보이지 않은 때 총회 선교부에서 제게 상의해 왔다. 파리선교사 파송은 길이 열리지 않으니까 하나님의 뜻으로 받아들이고 국내 목회로 청빙을 받는 게 어떻겠느냐는 제안을 해왔다. 대안은 국내 목회로서 두 교회의 청빙이 왔는데 송도제일교회로 선택하여 1978년에 담임목사로 부임하여 11년간 시무하게 되었다.

나는 선교사로서 낙제생이 되었다. 그래서 목회 중에 선교사들을 후원하고 격려하는 일에 힘쓰기로 다짐하고 선교중심의 목회를 집중하게 되었다.

담임목사 청빙과 하나님의 뜻

나는 40년의 목회 중 담임목사 청빙을 네 차례 받았으나 두 번은 조건도 좋고 여건도 마음이 끌렸으나 끝내 거부하게 되었고 두 번은 허락하여 12년과 27년씩 시무하다 개척교회 시무 3년을 합하여 41년여 간 담임목회를 하고 은퇴하게 되었다.

1차로 부산 송도제일교회의 청빙을 허락했는데 동시에 대구와 부산 등 두 곳에서 청빙이 있었다. 기도하던 중 내가 살아 온 부산을 선택하게 되었다. 3년쯤 지난 무렵 서울중앙교회에서 청빙이 왔다. 사실 나는 평소에 서울에서 목회해보고 싶은 비전이 있었고 그 기회가 왔다. 그런데 그 때 교회 안에서 성도 간 소송문제로 당회시벌과 노회상소 그리고 세상법정이 소송까지 얽혀 있던 큰 시련이 있었다. 내가 교회를 이동할 수 없는 불가피한 상황이었다. 그렇다고 상대교회가 이곳 교회문제가 해결되도록 기다려줄 수도 없는 입장이다. 마음은 원했지만 환경적으로 이동이 불가능했다. 하나님이 허락하지 않는 높은 뜻이 있었다고 해석했다.

 2년 동안에 성도 간 소송문제가 다 정리된 후 부산삼일교회에서 청빙이 왔다. 나의 동의도 없었는데 공동의회를 결의하고 노회에 청빙허락을 청원하여 일방적으로 추진되어 갔다. 그러나 송도제일교회 측에서 전교인 서명으로 담임목사를 보낼 수 없다고 탄원서를 노회에 제출하게 되었다. 이제는 나의 결단에 따라 노회는 결정하겠다고 했다. 기도하면서 숙고하는 중 내 마음을 사로잡는 생각이 있었다. 같은 지역 노회에서 그리 멀지도 않는 거리의 교회인데 교회를 이동하는데 호기심이 일어나지 않았다. 물론 교회의 규모도 크고 새 예배당도 건축이 되어 있고 교단의 중심교회로서 모든 여건이 우위에 있었으나 같은 노회 안에서는 이동하지 않겠다고 마음을 정하고 청빙을 거절하게 되었다. 그것도 하나님의 뜻이라고 해석하고 받아들였다. 사실 주변에서는 부산삼일교회에서 목회해 보라는 권유도 있었고 약간은 마음에도 두었지만 성도 간 소송의 일로 노회재판을 거듭하면서 시달리기도 하고 상처의 잔재가 있었기에 큰 비전으로 노회를 벗어나고 싶기도 하였다. 특히 부산을 떠나서 목회하고 싶은 생각이 짙어 갔다.

3년이 지난 후 1989년에 서울영천교회에서 네 번째로 내게 담임목회 청빙이 왔다. 교회의 목회여건은 비교가 되지 않을 만큼 열악했다. 교회규모는 비슷했지만 부산측 교회는 의사와 교수, 간호원 등 의료전문인이 50여 명 출석하고 당회원 중에도 서울대, 경북대, 연세대 출신 엘리트 의사와 약사와 교사들이 포진하는 교회구성이었다. 그 당시만 해도 승용차를 가진 성도들이 많았고 주차장이 늘 만원을 이루었다. 또한 자기 집을 가진 성도들이 대부분이었다. 그러나 기도하는 중 서울이라는 수도에서 목회의 비전을 펼쳐보고 싶은 야망을 가졌는데 모든 여건을 비교하지 않고 마음에 잡힌 대로 청빙을 허락하고 그해 7월에 서울영천교회로 부임하게 되었다. 내 나이 45세 되던 해였다.

내게는 거절했던 두 번의 청빙도 치열했지만 허락한 두 번의 청빙도 쉽지 않은 선택을 하는 치열한 청빙과정이 있었다. 그러나 모든 것이 하나님의 뜻이라고 받아들였다.

예배당 건축을 향한 여정

교회에 부임하고 보니 주차장이 전혀 준비되어 있지 않는 환경이었다. 내가 갖고 간 승용차마저도 교회당 입구 쪽에 꼭 한 대만 세울 수 있었다. 교회는 분위기가 호전되어 수적으로 성장하는 추세를 보였다. 그런데 예배실이 100여 평 정도이지만 교육관도 전무하고 주차장도 전무하다 보니 주일마다 프로그램이 적용될 수가 없었다. 교회에는 일꾼들이 등록하는 분위기를 타고 제법 갖춰가고 있었다. 기도하던 중 교회의 공간을 확보하는 일이 시급하다고 여겨 교회당을 외곽으로 이전 건축할 것을 제안하고 나의 뜻을 따라 결의하고 교회당 부지를 구하러 팀을 구성하여 찾았다. 그런데 20여 곳의 장소를 보았는데 외곽에는 군대 시설, 그린벨트, 절대농지로 묶여 있고 도심 안에는 주민들이 예배당 건축은 절대불가라는 민원이 가로막고 있었다. 심지어 목동 신도시에 유치원 부지를 놓고 응찰도 해 봤지만 낙찰되고 말았다. 또한 영등포에 있는 모 교회가 기존 예배당을 팔고 외곽에 큰 부지를 사서 이전하는 정보를 알고 찾아가 봤더니 우리 교회가 감당하기에는 너무나 큰 규모의 교회당이었고 그 당시 60억의 시가에 현금으로 사겠다는 교회도 있는 터라 계약금도 마련할 수 없는 우리의 실력으로는 엄두도 낼 수 없다는 것을 보기도 했다.

별 방안이 잡히지 않았고 2년이란 세월이 흘러갔다. 기도하던 중 하나님이 주신 마음인지

"도심을 지키라."

는 생각이 사로 잡혔다. 발전하는 외곽으로 이전하는 교회도 많았지만 한편 도심을 지키는 것도 하나님이 원하시는 뜻이기도 하겠구나 라고 그 의견을 따라 방침을 바꾸어 이곳에서 확장해 가기로 했다. 그리고 교회 옆 기와집을 사들이기로 했다. 88올림픽이 지나고 90년이 들어서자 서울의 부동산이 두, 세 배로 폭등했다. 내가 부임하던 89년에는 한 평에 250만원 하던 시세가 불과 2년 지난 91년도엔 800만원으로 폭등했다. 옛날 주택으로 지어진 집이 30~40평 규모였지만 한 채에 3억으로 치솟았다. 그러나 안살 수 없었다. 심지어 한 집은 값을 더 받으려고 두 번이나 계약금을 변상하면서 팔지를 않았다. 그래도 인내심을 갖고 기다리면서 한 채씩 사 모았다. 12년에 걸쳐 열 채를 샀는데 가장 많이 지불한 집이 6억7천만원이었으나 겨우 40여 평의 부지에 불과했다. 담보로 사서 경상비로 빚을 갚고 또 담보로 사서 갚고 하면서 경상비를 집을 사는데 다 소모하다보니 교회의 목회를 위한 투자가 될 수가 없어서 너무나 안타까웠던 시기였다. 더 이상 집을 살 여력도 없거니와 너무 예배당 건축이 늦어

져서 현재 확보된 400여 평의 부지로 건축을 설계하게 되었다.

드디어 2003년 교회에 부임한 지 13년 만에 교회당 건축기공을 하고 2005년 입당을 하게 되었다. 만약 부지가 확보되어 있었다면 10년 전에 건축이 되어 교회의 환경이 안팎으로 매우 호전되었을 것이리고 아쉬움도 컸지만 지금이라도 건축된 것은 큰 은혜의 역사라고 감사했다.

그러나 내가 부임할 때 전세로 사택을 얻어서 2년마다 두 번이나 이사를 하다 사택을 마련했다. 그러나 건축을 하면서 사택을 팔아 헌금으로 충당하고 다시 전세사택 신세를 지고 평균 2, 3년마다 이사를 하며 지냈다. 은퇴할 때까지 사택을 구입하지 못하고 여덟 차례나 이사하면서 은퇴를 하였다. 그러나 부교역자 사택을 세 동이나 마련하며 건축을 한 것은 매우 잘 한 일이었다. 1년 후에 후임목사가 부임하면서 담임목사 사택을 구입하게 된 것은 더욱 잘한 일이었다.

서울이라는 목회 무대

교회에 부임하여 서울환경에 적응하는 기간이 2-3년 걸렸다. 또한 팔도 사람이 모인 교회에 적응하는 기간도 더 오래 걸렸다. 그러던 중 강단을 교류하는 목회가 열리자 하나님께서 새로운 사명도 한 가지씩 접하게 인도하셨다.

제일 먼저 '사랑의 쌀 보내기 운동본부"에서 주최하는 조찬기도회와 후원으로 봉사하는 모임에 참석하게 되었다. 한경직 목사, 정진경 목사, 김경래 장로 등 한국교회 지도자 목사와 장로님들과 평신도 기관장 30여명이 모였고 처음으로 그 어른들에게 인사를 하면서 교제를 나누게 되었다.

또 그 분들이 한국기독교총연합회(한기총)를 결성하여 연합사업을 주도하시는 지도자들이셨다. 어느 해 한기총 총회에 교단대표 대의원 7명을 파송하는데 내가 서울에 있다는 명목으로 임원들과 함께 참여하게 되었다. 거기서 이단대책위원회 전문위원으로 선정되어 함께 사역하게 되었다. 알고 보니 이대위가 가장 주목받는 위원회였고 일거리도 많았다. 거기서 통합의 최삼경 목사, 합동의 진용식 목사 등 전문성을 갖춘 동지들과 함께 한국교회 이단을 방어하고 교회를 일깨우며 교인들에게 교육하는 일들을 활발하게 한 것이 큰 보람이었고 한국교회 지도자들과 교분을 쌓는 큰 유익을 얻게 되었다.

가장 큰 사역은 만민중앙교회 이재록을 이단으로 규정하여 한국교회에 공포한 일이다. 그 때 연구위원 5명이 참여하고 함께 협박을 받으면서도 비밀회의를 하며 기자회견을 통하여 이단규정을 공포하였는데 그 발표를 내가 한 것도 큰 용기였다. 그리고 할렐루야기도원의 김계화도 이단으로 규정하였다. 그 당시 한기총 대표회장과 이단대책위원장은 개인으로 협박을 받고 집에까지 찾아와 시위하는 일들도 감수해야 했다. 내가 이대위위원장을 3년 동안 맡은 임기 중에 이단집단으로부디 고발을 당하여 경찰에 소환되어 조사를 받기도 했다. 그렇게 고락을 함께 한 동지들이 지금까지도 30년 지기가 되어 이단대책상담소협회의 일원으로 여전히 사역을 하면서 값진 영향력을 끼치고 있다.

한국교회는 어마어마한 시장을 갖춘 선교공동체이다. 많은 연합기구들이 활동하고 있었다.

2006년에 대한성서공회가 저를 이사로 선임하여 지금까지 근속하면서 2011년과 2017년에 이사장으로 일하게 되었다. 2011년에는 CBS기독교방송 이사로 선임되어 사역하였다. 그 후 국민일보 편집자문위원으로 함께 사역하는 경험도 매우 유익했다. 그리고 기독교화해중재원 이사로도 섬겼다.

한국교회연합기구에서 교단대표의 이름으로 함께 사역하면서 나 자신이 배우고 성장하는 기회가 되었고 내가 27년간 서울에서 목회하도록 하나님께서 넓은 무대에서 큰일들을 사역하게 하신 높은 뜻을 이해하게 되었다.

한국교회지도자들을 만나고 교제하고 함께 동역하면서 은퇴 이후를 살아가는 것도 어떤 것으로도 대체할 수 없는 큰 자산이요 명예요 삶의 기쁨이다.

개별적으로 교대로 부부식사 모임을 통합, 합동, 대신측으로 세 건씩 유지하고 있다. 초교파원로지도자 모임도 즐겨 교제하고 있다. 대통령과 국회의장과 문화체육부장관과 공보수석 등과의 조찬모임을 통해 교제하는 일도 가지면서 국정뉴스도 듣는 기회도 가졌다.

91년도에는 합동 측 목사들과 함께 대전신학교와 남가주신학교와의 D. Min 공동학위 프로그램도 함께 참여하면서 깊은 교제를 나누는 기회를 누렸고 두 번의 이스라엘 성지순례도 다녀오는 기회를 가졌다.

교단 안에서도 선교적인 사역이 있지만 교단의 울타리를 넘어서서 타 교단과의 교제와 선교적 사역을 함께 하는데서 많은 것을 배우고 보람을 누리게 되었다.

백두산 천지(1994)

제3부

보람 있는 일들

보람있는 일들

선교지 순방의 보람

○ 남미 선교지 순방

2003년 총회세계선교위원장 재임 시 우리 부부와 KPM본부장 이헌철 목사 부부와 서기 윤현주 목사 부부가 미국, 멕시코, 브라질, 파라과이 등을 순방하였다. 비행기를 일곱 번이나 갈아타는 먼 일정이어서 부부 항공료만 1천여만원이 넘고 비행기와 공항에 머무는 시간이 15일 중 7일간이나 소요되었다. 그 당시만 해도 항공노선이 불편했고 수속도 매우 느려서 공항에 머무는 시간에 지치기도 했다.

멕시코 프에블로에서 사역하는 최승렬 선교사를 찾았다. 교회와 학교시설을 갖춘 선교센터를 건립하여 현지 사역자들을 양성하고 개척교회를 계속 세워가면서 매우 모범적인 선교를 하고 있었다. 지금은 백여 처가 넘는 현지 교회를 설립하는 성과를 거두고 있다.

파라과이의 이정건 선교사와 김진호 선교사도 교회와 학교설립을 통하여 내실 있는 선교를 하고 있었다. 이 선교사는 KPM 본부장으로 부름을 받아 교단선교행정을 실무하면서 소중한 섬김을 하였다. 브라질, 아르헨티나, 페루, 파라과이, 과테말라 등 여러 지역에서 선교사들이 사역하고 있었다. 그러나 일정상 페루와 아르헨티나는 순방하지 못한 아쉬움도 있었다.

○ 아프리카 선교지 순방

2014년 우리 부부와 KPM본부장 이정건 목사 부부가 가나 김창수 선교사를 방문했다. 서울영천교회에서 중서부 아프리카 5개국 선교사 가족 수련회를 섬기기로 하고 선교사가 필요로 하는 노트북과 디지털 카메라 등 여러 물품을 준비하여 갔다. 먼 항로이기에 항공료도 1천여만원 소요되었다. 가나와 코뜨디부아르와 무 지역 순회 의료선교사 등이 참석하여 두 주간의 일정으로 집회와 순회가 진행되었다.

그러던 중 아내와 본부장 아내 두 여성이 말라리아 증세로 고통을 느꼈다. 의료시설이 불비하기에 응급으로 약을 먹고 진정하는 방법 외에는 도리가 없었다. 가장 힘든 것은 음식을 제대로 먹지 못하고 멀건 죽을 끓여 먹고 견뎌야 했다. 그러자 점점 기력이 빠져 남은 일정에 큰 부담을 안게 되었다. 두 여성은 귀국길까지 참았지만 귀국길에서 기력이 쇠하여 무척 고생을 했다. 귀국하여 본격적인 치료를 받았지만 본부장의 아내는 한 달 여 동안 심한 고통을 겪으면서 혹독한 대가를 치러야 했다. 다행히 우리 부부는 예방접종과 약을 복용한 탓인지 아내는 아주 심한 고통을 겪지는 않고 회복이 되었다. 말라리아를 매년 또는 일상적으로 겪고 사역하는 현지 선교사들의 환경은 매우 열악할 뿐 아니라 중대한 선교의 장애물이었다.

가나에서 아주 반가운 두 선교사를 만났다. 고신의과대학 출신인 외과 의사를 만났는데 그들이 전문의가 되어 선교의 부름을 받고 아프리카에 와서 의료선교를 하고 있었던 것이다. 자랑스러운 고신인 가족이고 복음을 위해 헌신한 의료선교사이기에 존경스러운 귀한 후배들이고 초교파로 지역을 초월하여 섬기고 선교 교제를 하고 있는 귀한 인재들이었다.

○ 일본 선교지 순방

1913년 재미 원로이신 박재영 목사와 안양일심교회 김상수

목사 부부와 저희 부부가 삿뽀로에서 사역하는 박영기 선교사를 찾았다. 도쿄에서 교육포럼을 마치고 순방길에 올랐다. 박영기 선교사는 삿뽀로에서 일본선교의 한 사례를 보여주는 선교목회를 하고 있었다. 그는 일본어 구사를 위해 기초부터 공부하여 본토인처럼 설교하는 테크닉을 길렀다고 한다. 그리고 개혁신앙의 바탕에 고신신앙으로 영성을 갖추고 일본인 교회를 모범적으로 세우고 성장시켰다. 또한 개척교회를 설립하여 복음이 계속 전파되는 부흥을 증명하고 있었다. 일본처럼 선교가 어려운 여건에서도 성령의 역사가 일어나고 있는 선교현장을 본 것은 방문자들에게도 큰 도전이 되었다. 그리고 근교에 있는 미우라 아야꼬 문학기념관을 방문한 것도 매우 유익한 여행이었다. 내가 가장 존경하고 평소에 작품을 통해 교훈과 감동을 받고 설교에도 자주 인용했던 아야꼬의 삶과 작품이기에 더욱 애착이 갔다. 특히 '빙점'은 인간의 원죄와 양심을 관통하는 기독교사상이 담겨 있는 최고의 명작이기도 하다.

○ **인도네시아 선교지 방문**

2014년 일본 삿뽀로 선교포럼을 마치고 자카르타에서 사역하는 김종국 선교사와 함께 자카르타에 도착했다. 그곳에서 내게 큰 암시를 주는 선교현장을 경험하게 되었다.

먼저 선교의 모범 사례를 보았다. 김 신교사는 학교를 세우고 현지 지도자들을 양성하는 신학교육과 사역자 훈련에 획기적인 성과를 거두고 있었다.

또한 훈련된 현지 사역자들을 현장에 파송하여 교회를 설립하여 복음을 효과적으로 전하게 했다. 그 당시만 해도 8백여 곳에 현지사역자들을 파송하여 교회를 세웠다.

그리고 총회를 조직하여 행정과 교육과 목회가 균형 있게 이루어져 갔으며 신학교 운영과 총회의 행정적인 균형과 협력이 든든한 기반을 구축하여 발전하고 있었다. 선교지에서 교회를 세우고 총회를 조직하여 대 대표단으로 도약하는 사례는 매우 역사적인 성과이다.

나는 시무 중에 세계선교위원장과 총회장을 역임하면서 구라파와 아프리카, 동남아와 러시아와 호주 등 대양주와 북남미와 중국 등을 순방해 보았다. 중앙아시아 외에는 거의 순방한 셈이다. 거기엔 교회의 후원과 선교독지가들의 후원이 있었다고 하나님께서 제게 기회를 허락해 주셨다.

선교지 순방은 내 목회가 선교중심 목회로 정착하게 되었고 선교지에서 받은 도전과 교훈들이 내 목회사역에도 큰 유익이 되었다. 또 많은 선교사들과의 만남이 큰 자산이 되어 교제하는 일이 자연스러워졌다. 고국방문 때는 교회를 방문하여 선교보고를 하는 사례도 많았고 교인들에게 선교열정을 불러일으키는 역할도 했다.

네 번의 수술

나는 건강하게 태어나 건강하게 자랐다. 50대 중반까지도 건강하게 일하며 활동했다. 그런데 2004년부터 2016년에 걸친 어간에 큰 수술을 네 번이나 하는 위기를 맞았다. 평균 3년마다 그것도 큰 수술이었다. 머리에 찬 물 빼기와 담낭 제거, 신장 물혹 제거와 전립선암 수술이다. 후자의 두 번은 암수술이었다. 내가 수술을 연거푸 받으면서 두 가지를 깨달았다.

먼저 건강에 대한 교만이 깨어지고 겸손의 덕을 가졌다. 그리고 내가 계속 수술을 할 만큼 오장육부가 고장이 나 있는 게 아닌가 라는 좌절감이었다.

"주님, 저의 건강을 지켜 주소서." 라는 절실한 기도를 하게 되었다.

그런데 신기한 것은 수술 후 한 주간 안에 거뜬히 회복이 된다는 것이다. 의료진도 놀라고 간병하는 아내도 신기해하는 경험이다. 사실 아내는 수술 후유증으로 수개월을 치료한경험이 있기에 니의 경우는 놀라운 은혜였다 이유가 있었다. 나는 아직까지도 고혈압이나 고혈당과 고지혈증을 비롯해서 신경이나 혈관과 심장 등에 정상적인 수치를 유지하고 있다. 그래서인지 회복이 아주 좋았고 빨랐던 것이다.

또한 암을 초기에 발견하여 쉽게 수술한 것도 행운이었다. 신장의 큰 물혹은 암인지 아닌지 의료진도 고심하다 수술을 해 보니 암초기 징조가 나타나 있었다.

수술대에서 감사기도를 드릴 때 좋은 병원에서 좋은 의료진을 만나 좋은 환경에서 좋은 약을 통하여 건강을 찾게 해 주신 하나님의 은혜가 너무나 큰 축복으로 새겨졌다.

마지막 수술을 받은 2016년 이후 지금까지는 건강하게 살아가고 있다. 은퇴 후 9년의 노년생활에 건강과 활동이 더욱 보람 있고 또 성과도 보면서 감사하고 있다.

내게 두 번이나 수술해 준 새문안교회 장로이신 양승철 박사님이 수술 후 5년이 된 지금까지 건강을 관리해 주신다. 6개월마다 정기검진으로 체크해 주시고 건강한 노년생활에 대한 지침도 일러 주신다.

첫째, 노년에는 뼈를 다치지 않아야 합니다.
둘째, 하루 2시간 이상 몸을 움직이면서 생활하셔야 합니다.

셋째, 습관적으로 과식하지 말라는 교훈인데 사실 중요한 노년생활지침으로 명심하고 있다.

어떤 이는 노년에는 사람을 많이 만나서 대화와 교제와 식사를 나누라.

또 전에 안하던 취미생활을 하나씩 몰두하라.

그리고 체력에 맞는 운동을 꾸준히 하라는 교훈을 말해 준다. 다 유익한 지침들이다. 특히 노년에는 활동할 수 있는 기본건강을 유지하는 것이 가장 중요한 조건이라고 여긴다.

백내장 수술과 가모활용

나는 태생적으로 시력이 좋지 않았다. 초등학교 다닐 때는 칠판의 글씨가 잘 보이지 않아서 늘 옆 친구의 노트를 보면서 공부했다. 햇빛이 비치는 화창한 날에는 눈이 부셔서 잘 볼 수가 없는 장애도 갖고 있었다. 외삼촌이 내게 안경을 사 주셨는데 그때가 17세 때였다. 워낙 시력이 안 좋은 상태라서 안경알이 무겁고 두꺼웠다. 그래도 약간 좋아진 정도였다.

군 징집을 받고 논산훈련소에 도착하여 신체검사를 받는 중 군의관이 "자네는 눈이 너무 나빠서 군대생활에서 시력을 잃을 위험성이 있으니까 사회에 나가서 열심히 일하는 게 좋겠이." 그리고는 확인서를 써 주면서 부산 국군통합병원에 가서 수속을 밟으라고 했다. 그래서 2급으로 병역면제를 받았다. 그 정도로 내 시력이 좋지 않았다. 군대에 안 가도 되었기에 신학교 공부를 3년 일찍 입학하게 된 것이다. 사실 나는 두꺼운 안경 때문에 눈이 사진에 잘 나오지 않았다. 또 무겁기 때문에 여름에는 땀이 많이 나서 늘 불편함을 감수해야 했다. 그래도 눈병은 앓지 않았다. 나이 60세가 되던 어느 날 눈이 불편하여 안과에 가서 진단을 받았더니 백내장이 심하여 수술을 해야 하다고 권유했다. 신촌 세브란스병원에서 백내장 수술을 받았다. 수술 후 내게는 큰 선물이 주어졌다. 시력이 많이 좋아져서 1.0까지 회복이 되었다. 새로운 세상에 태어난 기분이었고 안경도 매우 얇고 가벼워졌다. 의술이 내게 큰 은총으로 다가왔다. 내 눈이 중생한 것과 같다. 지금까지 좋은 상태로 살아가고 있다.

또 한 가지 내게 용모에 큰 변화가 왔다. 그것은 가발로 가모를 착용하게 되었다. 사실 50대에 접어들어서 거의 반 대머리가 되었고 특히 앞과 중앙 부분이 완전 탈모가 되어 영상에서는 완전 대머리로 보였다.

내가 가모를 착용하게 된 것은 두 가지 이유 때문이다. 먼저 나이에 비해 너무 늙어 보이고 화면에 비친 모습이 민망할 정도로 완전 대머리였기 때문이다.

또 한 가지는 겨울에는 차고 여름엔 더워서 머리가 늘 무거웠다. 그래서 거의 모자를 쓰고 생활하는데 매우 불편했다. 한 4년여 동안 모자를 쓰고 외출을 하다 보니 제법 고급모자까지 갖추게 되고 사용하였는데 만족스럽지 않았다. 그래서 가모를 권유받아 착용하기로 결심하고 용기를 발휘했다. 첫 가모를 쓰고 주일을 맞았다. 내 모습에 교인들이 낯설어 하면서 놀라기도 했다. 실제 나이보다 10~15세 가량 젊어 보였기 때문이다.

한 가지 에피소드가 있었다. 경주에서 열리는 세미나에 강사로 초청을 받았다. 시간이 다 되어 내가 앞자리에 앉아서 대기하고 있는데 사회를 맡은 목사가 강사님이 아직 도착하지 않았다고 하면서 걱정을 하고 있었다. 내가 도착했다고 하자 내 변신에 놀라면서 반가워했다. 가모가 사람의 용모를 몰라 볼 정도로 변신하게 하는 효력이 있었다. 다행스럽게도 가모 디자인이 내게 잘 어울려서 매우 자연스럽다고 하면서 격려를 받았다. 상담을 해 보았더니 브랜드가 있고 기술과 신용이 보증된 가모를 권하여서 좋은 소재로 맞추었더니 만족도도 충족되고 용모의 변신과 함께 머리가 불편했던 증세도 해소가 되어 건강의 유익도 덤으로 누리게 되었다.

그녀에 두 가지 선물이 나를 행복하게 한다. 안 보이는 시력이 회복된 것과 보이는 머리가 단장되어 더 젊고 멋스러움을 즐길 수 있게 된 것이다. 과학의 기술력이 사람의 몸을 안팎으로 리모델링하는 좋은 시대에 살고 있는 것이 행복할 뿐이다.

산복이 많은 동네

은퇴 후 의정부로 거주지를 정했다. 인구 47만명의 적지 않은 도시이다. 군부대가 대부분 철수하고 신도시 건설과 함께 새롭게 변모한 도시이다.

의정부의 지형적 특성 중 하나는 주변에 산이 6개나 둘러져 있는 산복이 많은 동네이다. 승용차로 10분 거리에 사패산, 불곡산, 천보산, 도봉산이 있고 20여분 거리에 북한산과 수락산이 있다. 3년째 등산으로 운동하고 있는 우리는 천혜의 행운을 누리고 있다.

가장 가까운 사패산은 마치 우리 집 정원과 같다. 매주 두 세 번씩 둘레길 산책을 하면서 숲길을 즐긴다. 해발 5백여 미터의 야산이면서 부담 없이 등산하는 코스이다. 특히 맨발로 등산하는 사람들이 많은 코스이다. 적당한 고갯길과 바윗길이 있고 완만한 평지길이 어우러진 명산이다.

또 불곡산도 매우 즐기는 명산이다. 450m 정도의 야산이지만 큰 산에 못지않은 바윗길이 매력이다. 특히 동물형상의 바위는 단연 압권이다. 악어, 코끼리, 물개, 생쥐, 펭귄 바위와 복주머니, 책 바위 등 마치 조각한 듯한 바위가 등산객들을 감동케 한다. 등산코스는 멀지 않지만 줄타기 바윗길 코스가 재미를 준다. 운동효과도 더하여 헬스장에서 체력단련 하는 근력운동의 효과도 함께 누린다. 선후배 그룹과 선교사들의 방문이 있을 때 함께 등반하는 추억을 쌓기도 한다.

또한 천보산도 야산으로서 부담 없이 산책하는 친근한 산이다. 완만한 능선이 걷기운동을 하기에 매우 적합하다. 의정부는 평지와 산이 반 반식 접해있는 지형으로서 주택단지에는 대부분 야산이 정원처럼 둘러쌓여 있다. 그래서 공기도 정화되는 효력이 있다. 천보산 자락에 접한 주택들이 그 혜택을 누린다.

의정부에는 성모병원과 을지대학병원이 있다. 대형 병원이며 경기북부 지방의 의료사명을 감당하고 있는 자랑스러운 의료원이다. 두 병원이 천보산을 끼고 자리 잡은 명당에 세워져 있다.

또한 도봉산이 근교에 있다. 아마도 서울근교에서 가장 많은 등산객이 방문하는 산 일지도 모른다. 주말이나 공휴일에는 인산인해를 이루는 인파들이 몰려온다. 특히 포대능선 코스는 세계적인 등산의 멋을 지니고 있다. 한 번 방문한 사람은 놀라면서 즐기고 새촉 찾고 싶은 재미를 준다. 정상에 있는 신선대에 오르면 자운봉과 만장봉 그리고 선인봉이 3형제처럼 우뚝 서있고 도봉산에서만 조망하는 감동에 취하여 하산할 줄을 모르고 머물게 한다.

특히 겨울의 설경과 가을의 단풍이 유명하다. 전철역에서 산 입구까지 이르는 길에는 등산과 관계되는 모든 장비와 의복을 구입할 수 있는 점포들이 즐비하여 전통시장을 방불케 하고 각종 음식점들이 등급별로 입맛을 돋운다. 등산을 즐기는 모든 인프라가 구비되어 있는 명산이다.

또한 수락산이 마주 보고 있다. 도봉산과 함께 서로 경관을 구경시켜 주는 형제산이다. 수락산의 특징은 바위코스 등산길이 코스마다 탄성을 자아내게 한다. 거대한 바위산의 위용과 아름다움을 함께 누린다. 가을의 단풍이 바위와 어우러져 단풍으로 옷 입은 산수화를 연출한다. 특히 수락산은 의정부와 서울근교에 위치한 지형으로 등산코스가 다양하며 그 나름대로 멋을 더하게 하는 재미가 있다.

정상에 오르면 서쪽으로는 도봉산이, 남쪽으로는 불암산이 의젓하게 자리 잡고 있어서 주변 산을 감상하는 멋도 있다. 그리고 최고의 명산인 북한산이 있다. 한양 도성의 4대 명산으로 북한산, 도봉산, 관악산 그리고 수락산이라 한다. 네 개의 명산이 한양을 품고 있다. 서울은 실로 절묘한 지형이요 명당 중 명당이다.

북한산의 정상은 백운대이다. 산악인들이 공통으로 인정하는 것은 한국의 최고 명산은 단연 북한산이라고 한다. 우리는 30여 년간 북한산을 찾았다. 자주 간 코스는 비봉과 운수봉과 보현봉이다. 북한산은 워낙 지형이 넓고 코스가 많다. 어느 길이든 그대로 멋을 지니고 있다. 우리가 살던 곳에서 가장 가까운 코스로 비봉을 경유하여 헤아릴 수 없이 북한산을 찾았다.

백운대 옆에는 그 유명한 인수봉이 있다. 전문산악인들이 훈련하는 코스인데 높이가 810.5m로 알려져 있다. 북한산은 백운대와 인수봉 그리고 삼각산으로 연결되는 삼봉을 자랑하면서 삼봉산으로 불려지기도 했다.

의정부는 인근에 소재한 6개의 명산을 쉽게 접할 수 있다. 우리는 그 산복을 만끽하며 누리고 산다. 이제는 체력에 맞추어 코스를 조절하지만 한창 등산을 즐길 때는 자주 4대 명산을 등산했고 그러다보니 전국에 있는 산들을 많이 섭렵하게 되었다. 특히 백두산 천지 등반과 한라산 4계절 등반, 지리산과 설악산 울릉도 성인봉까지 나와 가족이 산행으로 추억을 쌓았다.

그러나 보니 중국의 황산, 삼청산, 태산, 태왕산 등 7개의 명산도 등반하는 기회를 누렸고 알프스의 몽블랑과 융프라우도 관광하는 기회를 얻었다.

월드컵 4강전 관람

2002년 6월 월드컵 4강전인 한국과 독일의 준결승전이 상암 경기장에서 있었다. 우리 부부가 관람하는 행운을 누렸다. 그 당시 티켓을 구입하는 것이 하늘의 별따기라는 말이 있을 정도로 경쟁이 심했다. 그런데 경기당일 강목현 장로님께서 전화를 주셨다. 조직위원회 본부에서 연락이 왔는데 본인이 신청한 티켓이 수만명의 경쟁을 뚫고 추첨에 당첨되어 오늘 관람할 수 있다는 것이다. 강 장로님은 당일까지 연락이 없어서 포기하고 있었는데 마지막 순번에 당첨이 되었던 것이다.

우리 부부가 붉은 색 응원 티셔츠를 빌려 입고 경기장으로 갔다. 경기는 밤 8시 30분이지만 티켓 소지자는 1시간 전에 입장을 완료해야 한다. 도착해 보니 경기장 밖에도 시민들이 인산인해를 이루었고 갖가지 공연과 행사로 축제분위기가 고조되어 있었다. 경기장에 들어서자 이미 좌석에 거의 착석한 상태에서 사전 행사가 진행되고 있었다. 6만 4천명의 관객이 붉은 응원복을 입고 화려한 카드섹션에 새겨진

"꿈은 이루어진다!"는 글씨와 함께

"오! 필승 코리아!"를 외치는 함성이 경기장을 진동시키고 있었다. 경기는 1대 0으로 독일이 승리했다. 결승에 진출하지 못

한 점은 아쉬웠지만 선수들은 잘 싸웠다. 16강전 이태리와 8강전 스페인 같은 강팀들과 연장전까지 치르다 보니 체력에 한계가 온 탓인지 경기에서도 순발력이 둔해 보였다.

경기가 끝난 후 휘황찬란한 불꽃놀이가 30여분이나 축제의 흥을 돋우며 환호와 탄성을 지르면서 축구의 멋에 흠뻑 빠져들게 했다. 내가 관람해본 경기 중 월드컵 4강전은 가장 추억에 남는 멋진 기념으로 새겨져 있다.

사용하지 않은 월드컵 4강전 티켓은 수집가들이 지금도 고가에 구입하고 있다. 티켓은 등급이 있고 종류도 다양하게 가격이 매겨져 있다. 우리는 일반석에서 관람을 했지만 입장하기 전에 암표를 살려는 사람들이 접근해 와서 정가의 5배에 사겠다고까지 제안했다. 사실 경기장 바깥 여러 개의 스크린에서 경기장에서 입장한 관객보다 더 많은 인파들이 관람하기도 했다.

내가 월드컵 4강전을 관람한 것도 소중한 추억이지만 감동적인 숨은 스토리는 따로 있다. 강목현 장로님은 골프나 축구에도 관심이 많지만 해상 스포츠도 즐기는 멋쟁이셨다. 그가 구입한 티켓을 담임목사 부부에게 배려하여 양보해 준 것은 돈으로 따질 수 없는 깊은 사랑과 존경심이 있었기 때문이다. 장로님은 담임목사뿐 아니라 전체 교역자들에게까지 평소에도 사랑과 배려에 대접하기를 즐겨 하셨다. 교육부서가 여름 수련회를 개회하는 현장에 직접 오셔서 풍성한 간식을 제공하고 교역자들에게는 격려하는 프로그램으로 늘 열정을 일깨워 주셨다. 가장 기억에 남는 추억은 지인의 고급보트를 직접 운전으로 청평댐과 남이섬 일대를 손수투어도 해주시며 호수 한 가운데서는 구명조끼를 입은 채 수영을 즐기기도 했다. 물놀이를 함께 즐기면서 수련회 스텝들을 격려해 주셨다.

한국의 월드컵 4강전은 내게 평생에 한 번 관람할 수 있는 꿈의 경기요 그 관람티켓은 값진 선물이다. 그 선물을 받은 우리부부도 행운이요 선택받은 대상이지만 그 티켓을 양보해준 장로님 부부의 그 순수한 마음과 담임목사를 예우해 주는 사랑의 실행은 품성의 그릇이 큰 사람이셨다. 강 장로님은 목회 시무 중에는 바울에게 있었던 바나바 같은 동역자요 후원자이셨고 은퇴 후에도 추억의 스토리는 삶에 큰 힘이 되어 주고 있다. 장로님은 천국여행길에 먼저 떠나셨지만 부인되신 이은경 권사님과의 교분은 순수하게 지속되고 있음을 감사하고 있다.

제4부

소중한 사람들

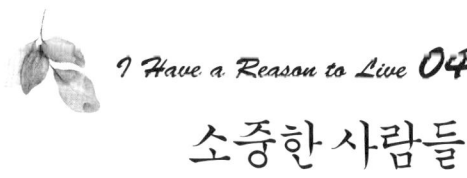

소중한 사람들

바나바 같은 동역자

내가 목회를 제대로 한 것은 개척교회 3년 외 송도제일교회와 서울영천교회의 38년 간이 된다. 그 여정에 제게 바나바 같이 동역해 준 일꾼들이 있었고 교단과 교계를 섬기면서 선교적 활동을 하는데 결정적으로 후원해주신 숨은 동역자와 멘토들의 숨겨진 스토리를 정리해 본다.

• 박영훈 장로

그는 유능한 외과의사요 암수술을 3천회 이상 한 수술의 명의로 명성이 높았다. 내가 송도제일교회를 3년째 섬기던 해 제게 놀라운 제안을 해 주셨다. 제 나이 37세였는데 나이가 더 들기 전에 미국에 가서 견문을 넓히는 연수를 다녀오는 게 좋겠다는 것이다. 그 때가 81년도의 일이다. 3년 목회한 저를 안식년이란 명목으로 미국에 8개월 연수를 보내는 파격적인 예우는 한국교회에선 없는 사례이다. 온 교단에 충격을 주는 뉴스였다. 박영훈 장로는 하버드의과대학에서 1년간 연수한 경험이 있었고 미국에 가서 보고 듣고 느끼면서 공부하는 일이 아주 값지다는 것을 알고 계신 국제 감각을 가지고 어린 목사를 미국에 연수하게 하는데 중추역할을 하신 것이었다. 그 당시 미국 목회연수가 내 목회에 큰 도전과 비전을 갖게 하는 기회가 되었다.

• 서판수 장로

나보다 두 살 위의 형님 같은 동지이다. 지금도 부산에 가면 가까운 친척집보다 장로님댁에서 숙식을 하면서 교제하는 일이 자연스러울 만큼 한가족처럼 지내는 사이이다. 그들 부부는 모든 성도들이 존경하고 부담 없이 다가가는 열린 삶을 사신다. 내가 목회연수 차 뉴욕에 갔을 때 공항에서 안내하며 내가 한 달 동안 준비하는데 주선해 준 일이 큰 도움이 되었다. 또 귀국할 때 지인장로님께서 고급 그룬딕 전축을 엠프, 스피커, 텐테이

블 까지 그리고 고급 트렌지스터 라디오와 고급 망원경까지 선물로 사 주셨다. 당시에 목사로서 그런 고급 전자제품을 가진 사례가 없는 시절이다. 그런데 어느 날 도둑이 들어와 몽땅 훔쳐가 버렸다. 너무나 허탈했다. 사 주신 분의 성의가 물거품이 되고 말았다. 이런 일을 눈치 챈 장로님이 잃어버린 것과 맞먹는 고가의 전축을 사주시면서 저를 위로해 주셨다. 나의 삶 속에 늘 고락을 함께 나누는 동반자이시다.

• 손영수 장로

그는 합동측 출신이지만 송도제일교회에서 7년간 봉사하신 일꾼이시다. 그는 선교열정이 남달랐다. 선교지에 가서 교회당을 짓는 일과 국내 개척교회 봉사에도 흔적을 많이 남겼다. 특히 신학생들에게 장학금을 후원한 사례도 50여명에 이른다. 꼭 저에게 자문을 받아서 본인은 드러내지 않고 장학금을 당사자에게 전하는 방식으로 섬겼다. 지금까지도 계속하고 있는 교도소의 선교는 놀라운 열정이다. 78년의 동역기간이지만 그는 자신이 양복을 맞출 때는 꼭 저의 옷도 함께 마련해 주셨다. 당시 부산 남포동에서 최고급 양복으로 4벌이나 선물을 받아서 오래도록 입기도 했다.

그가 본 교단 교회로 돌아갈 즈음에 제게 상상하지 못한 선물을 주고 가셨다. 88년도 어느 날 신형 소나타 승용차를 사서 내게 주신 것이다. 그 당시 부산시내교회에 소나타를 타는 목사님은 두 사람 뿐이라고 들었다. 내게는 파격적인 예우라서 노회산하 목사들이 주목하고 있었다. 그는 교회를 떠난 후에는 선교후원에 늘 동참해주셨다.

• 송주섭 장로

그는 교정공무원으로 봉사하셨다. 교정분야의 대부격으로 공헌하셨고 초대 서울지방교정청장의 최고위직까지 역임하신 모범 공직자이셨다. 그는 남다른 영적인 열정이 있었다. 제게 큰 힘이 된 점은 예배생활이 늘 감사와 열정으로 모범이셨고 새벽에 2~30분 운전을 해오시면서 새벽기도에서 항상 자리를 지켜 주셨다. 그리고 물질섬기는 일에도 공무원이면서 늘 모범적으로 힘에 지나도록 섬기셨다. 세 가지 면에서 큰 흔적을 남기셨다.

먼저 내가 타던 승용차를 신형 소나타Ⅱ로 교체해 주셨다. 낡은 차를 사비로 교회에 바쳐드린 봉사였다. 또한 교회건축위원장으로서 헌금도 앞서 하시고 날마다 공사장에서 인부들을 격려하고 교두삭를 지은 경험을 살려 조언도 하고 부족한 건축헌금을 조달하기 까지 동분서주하신 봉사는 남다른 희생과 헌신의 모범이셨다. 주민들의 끈질긴 민원도 앞장서서 수습하면서 관공서와 주민센터를 오가면서 마침내 교회당 건축을 완공하는 데 전력을 다 쏟으셨다.

그리고 저가 총회장으로 섬기기까지 2년 동안 등록금 대납과 전국교회를 순회하면서 후원해주신 수고가 있었기에 총회와 교계를 섬길 수 있는 사명을 수행할 수 있었던 것이다. 그는 진정 멘토요 동역자로서 존경하면서 감동적인 간증의 삶을 살고 계신다.

• 강목현 장로

장로님은 구두로 제화업에서 자수성가한 사업가이다. 특히 여성구두는 동대문시장에서도 잘 나가는 실력을 갖춘 사업가요 구두 디자이너이셨다. 그는 저의 목회에 선교적 파트너셨고 많은 봉사를 하셨다. 교회선교위원장으로 다년간 봉사했다. 저가 세계선교위원장과 총회장의 직책을 수행하는 4년 어간에 세계 7대 권역별 선교대회가 있었고 그 때마다 막대한선교행사후원금이 필요했다. 교회의 경상비와 선교예산으로는 태부족이었다. 그때마다 장로님은 지원해주셨고 내가 교단지도자의 한사람으로서 원만한 역할을 수행할 수 있었다. 평소에 장로님 부부는 저와 교역자들에게 격려하는 식사는 종종 해주셨고 여름수련회 때는 현장에 오셔서 격려해 주시는 추억이 많다. 한 번은 청평호수에서 지인에게 빌린 고급보트를 직접 운전하면서 남이섬과 북한강 일대까지 수중투어로 교역자들에게서 환호를 받게 하셨다. 잊을 수 없는 추억으로 새겨져 있다.

한 가지 내가 부총회장이 되었을 때 앞으로 총회장이 되면 대내외 활동을 많이 하실텐데 낡은 차를 바꾸시는 게 좋다고 하면서 신형 그랜져를 사주셨다.

나는 행복하게도 목회 중 세 차례나 개인에게 승용차를 선물 받았다. 아마 드문 사례일 것이다. 그때마다

"내가 교인이라면 목사에게 승용차를 사드릴 믿음이 있겠는가?"

라고 자문해 보았다. 그들의 섬김에 주께서 갚아주시기를 기도할 뿐이다.

강 장로님의 이러한 섬김의 배후에는 부인 이은경 권사의 역할이 있었다. 권사님은 담임목사와 교역자들을 격려하는 은사가 각별했다. 그리고 선교에 대한 관심과 헌신이 남달랐고 아프리카 선교순방도 함께 하는 열정이 있었다. 두 부부의 섬김은 마치

고린도교회의 아굴라와 브리스길라 같은 모범을 보여주었다 두 부부는 지병을 앓으면서도 기도와 투병으로 인내하면서도 교회를 섬기는 희생적인 자세는 한결같았다.

• 김호용 장로

장로님은 새문안교회의 장로로서 대한성서공회를 한평생 섬기신 전적 성서공회맨이시다. 저가 2006년 성서공회이사로 파송 받은 그 때 처음 대면한 어른이시다. 그는 성경을 번역하고 출판하여 온 세계에 반포하는 가장 본질적인 선교에 철저한 소명감을 가지고 헌신적으로 사명감을 실행해 오신 상임이사요 선교사이시기도 하다.

한국성서공회가 오늘에 이르기까지 반세기에 이르도록 재단을 경영해오면서 확고한 기반을 다지고 회관과 설비뿐 아니라 연구와 출판에도 시기에 맞추어 개발하여 세계적인 성서공회로 발전하는데 기여해 오셨다. 저는 멀리서 장로님의 사역에서 많은 교훈을 얻었다. 장로님은 성경중심의 철저한 개혁주의 성경관을 가지셨다. 또한 그 연배에도 대학에서 경영학을 배운 전문성이 바탕이 되어 집행부와 이사회를 합리적으로 운영하면서 구조조정과 인력관리를 원만하게 수행하셨다.

그리고 비즈니스 측면에서 재단의 자산도 잘 관리하면서 계속 내실을 갖추면서 발전하고 있다.

저는 교회목회와 총회행정을 수행하면서 김호용 상임이사의 숨겨진 리더십을 감지하여 적용해 보기도 했다. 그는 보람과 성과를 동시에 얻는 리더이시다. 저를 사랑으로 배려해주신 손길로 17년째 이사로 근속하면서 두 차례나 이사장으로 섬길 수 있도록 후대해 주셨다.

• 김선조 장로

내가 김 장로님을 처음 뵌 것은 송도제일교회 시무 중 개척하신 김해남교회를 섬기던 때였다. 거의 40여년 전이다. 그 후 만나지 못하다가 저가 총회장 재임 시에 해후하여 큰 일을 하게 되었다. 돌이켜보면 총회장이란 직책은 명예직이면서도 의무가 따른다. 그리고 책임을 져야 한다. 서울영천교회가 1억원의 후원금을 마련하여 KPM 건축비로 5천만원, 신대원, 고신대, 교육위원회 등에 나머지를 나누어 후원하여 총회장으로서 기본의무를 실행했다. 그런데 대외적으로 할 일이 계속 다가왔다. 그 때마다 교단의 이름으로 총회장이 기본적인 후원을 해야 발언권도 서고 리더십도 생기는데 난감했다. 아가페기독교교도소 고문이시, 성서공회이사, CBS이사, 한국학해중재위이사, 국민일보 편집자문위원, 한국기독교이단대책협회 고문 등 여러 기관에서 여러 가지 직책으로 참여하게 되었지만 거기에 따른 기본후원에 역부족이었다. 교회가 힘껏 지원했지만 한계가 있었다. 이러한 총회장의 고충을 전해들은 김장로님께서 저를 통영으로 초대하여 대외활동 후원을 약속하게 되었다. 10여일 후 상당액의 후원금이 송금되었고 저의 교계활동에 윤활유 역할을 하게 했다. 교계로부터 신뢰를 얻은 반면 고신이 연합사역에 전에 볼 수 없는 실행을 보여주었다고 공감대를 갖게 되었다.

김 장로님은 저에게 뿐 아니라 고신대 후원에도 모범적이셨고 2012년 고신대월드미션센타를 준공하는데 30억원의 헌금으로 섬기기도 하셨다.

유니게 같은 여성 동역자

• 탁경숙 집사, 박영희 권사

탁 집사는 장모이시고 박권사는 처형이시다. 내가 두 여종을 만난 것은 축복이고 큰 자산이었다. 두 여종은 모녀간이지만 성경에 있는 로이스와 유니게 처럼 믿음의 유산을 물려준 귀한 신앙인이셨다. 인품이 온화하고 교회를 섬기고 교역자들을 섬기는 일에 항상 모범적이셨고 기도의 은사가 많은 여종이셨다. 두 여종은 직계에 유일한 신학생으로 공부한 저를 물질과 사랑과 기도로 후원해주신 든든한 방패가 되어 주셨고 무속과 우상숭배에 빠져 있는 나의 부모와 형제들에게서 받지 못하는 위로와 보람을 누리면서 힘든 목회자의 길을 잘 감당할 수 있게 해주셨다. 손 위 동서는 일찍 작고하셨다. 처형 박 권사님은 아내에게 언니지만 자기 아들과 동년배일 만큼 마치 어머니와 같은 분이셨다. 가사 일에 약국점포를 맡아 열심히 일하시고 2남 3녀를 교육시키면서 가정의 기둥역할을 하셨다. 그러면서 교회를 섬기는 일에는 가사 일보다 우선하는 자세로 봉사하셨다. 장모되신 탁 집사님은 교회와 주위 사람들에게 늘 존경을 받는 어른이셨다. 남편이 초등학교 교장으로 재직하면서 교사와 학부모와 학생들에게 늘 교육자의 사명을 잘 감당하셨고 부모와 같은 덕망으로 선한 영향력을 남기셨다.

  두 분이 작고하신 후에도 여종들의 품성에서 받은 사랑과 신앙에서 우러나온 영성의 영향력은 나의 신앙과정과 정서 속에서 새겨지고 있다.

· **신필인 권사**

내게 제일 먼저 영적 어머니로 다가와 주신 분이다. 총각전도사 시절 환경적으로 고립된 내게 기도와 사랑으로 배려해 주시고 맛난 먹거리와 용돈으로 늘 용기를 충전해주신 분이다. 그리고 내가 장가를 갈 수 있도록 이끌어준 결혼중매자이셨고 한 평생 저를 위해 기도해 주신 디모데의 어머니 유니게 같은 영적 멘토이셨다.

· **조금주 권사**

내가 강도사일 때 교회개척을 제안하시고 목회의 첫 발을 내디디게 해 준 후원자이시다. 권사님은 능력있는 기도의 여종이요 봉사에도 물질로 늘 남성들을 능가하는 통 큰 일꾼이셨다. 유치원 원장으로서 왕성한 교육도 하면서 교회에 큰 영향력을 주고 있었다. 내가 동래제일교회를 개척하게 한 중추적 역할을 했고 목회자로 성장하는데 큰 후원자가 되셨다. 빌립보교회의 루디아 같은 일꾼으로 두 교회를 개척한 여장부이시다.

목회와 여성 동역자

내 목회 사역과 오늘에 이르기까지 아내 외에 여러 여성의 각기 다른 역할들이 영향을 주었고 아마도 살아가는 동안에 서로 기도하고 교제하면서 삶의 보람을 함께 나누는 파트너이기에 큰 의미를 둔다.

정선옥 사모

교회의 사무간사로 송도제일교회와 서울영천교회에서 8년간 근무하다 내가 결혼주례를 하면서 박태현 전도사와 결혼을 하였다. 남편이 목사가 되고 영국과 화란에서 유학을 하여 박사학위를 받고 화란 암스텔담에서 한인목회를 하면서 긴 해외생활을 하였다. 그러나 총회신학대학에서 교수로 초빙하여 귀국하여 살면서 안정된 사역을 하고 있다. 나를 초청하여 한인교회사경회와 벨기에와 룩셈부르크 등 여행을 함께 하는 추억도 새겼다. 정선옥 사모는 화란어에 익숙하여 화란에선 한국여행 가이드로, 한국에선 화란여행 가이드로 활동하면서 멋진 양국생활에 잘 적응하고 있다.

또한 나의 딸과는 언니, 동생하면서 자매처럼 지낸다. 사위가 독일유학을 하면서 3시간 거리의 암스테르담과 본을 오고가면서 가족처럼 6년을 교제하면서 고락을 함께 나누기도 했다.

시무하던 때 교회의 중대한 문제에 대해 회유 받는 유혹도 있었지만 바른 판단으로 처신을 바로 했고 수많은 자료와 문서를 취급하는 업무도 능숙한 타자솜씨로 잘 감당했다.

정혜정 전도사

내가 서울영천교회 부임했을 때 1년 전에 시무하고 있었다. 20여년 간 여전도사로 주로 심방과 교육파트에서 사역하면서 낯선 나의 서울목회를 돕는 역할을 감당했다. 특히 성도들의 집을 심방할 때 집을 찾아가는 기능이 탁월했다. 인간 네비게이션으로 손색이 없었다. 이는 여전도사의 사역에 매우 소중한 은사였다. 인품도 순진하고 정직하여 남에게 속을지언정 남을 속이거나 상처 주는 말이라도 한 마디 할 줄 모르는 성품을 지녔다. 그래서 모든 교인들의 사랑을 받았던 것이다. 심방도 아내와 함께 주로 많이 다녔고 고락을 나누며 세월이 쌓이다 보니 자매처럼 가족이 된 관계가 되었다. 특히 선교사에 대한 배려심이 깊었다. 내가 선교위원장과 총회장의 직무 중 아프리카 선교대회와 동남아 발리선교대회와 필리핀선교대회 때 동행하게 하여 선교지의 견문을 갖게 한 것은 귀한 추억으로 남아 있고 아내와 서구라파와 성지순례를 함께 다녀온 것도 값진 경험이었다.

박경연 사무간사

박 간사는 22년 동안 나와 함께 교회를 섬겼고 내가 은퇴 후에도 나의 개인 업무를 종종 돕고 있는 30년 지기 딸과 같은 간사이다. 나의 목회에서 내가 설교한 자료와 강의와 칼럼과 시론과 기타 모든 글들을 주제별로 정리해 준 내 목회 손발이 되어 준 간사이다. 나이가 딸보다 몇 살 많은지라 마치 나의 큰 딸처럼 대하면서 믿음직스럽게 일을 맡겼다. 내가 은퇴 후 모든 자료를 내가 다루어야 했기에 박 간사가 정리해 준 자료가 있어 큰 도움이 되었다. 시무 중에 좀 더 격려해 주었어야 했는데 그래도 교역자 수련회를 필리핀 세부에서 할 때 20년 사역기념으로 함께 동행하였던 것이 그나마 추억으로 남아 있다. 지금은 사무간사 사역을 은퇴하였지만 좋은 시간을 함께 나누는 기회를 갖고 싶다.

산행으로 다져진 역대 교역자 팀웍

목회여담

Dr.한의 죽음

목회하면서 수많은 장례식을 치렀다. 그 중에 잊혀지지 않는 한 성도의 죽음이 새겨져 있다. 그는 유능한 의사였다. S의대를 나와 해외유학까지 다녀온 촉망받는 의료인이었고 K대학병원에 건강관리과장으로 진료하면서 의과대학교수로 제자들을 가르치는 의사였다. 그의 나이 50세였을 때까지 내가 시무하는 교회에 7년째 출석하는 집사이기도 했다. 그런데 외과의사인 K장로님은 제게 Dr.한의 시한부 판정을 알려 주셨다. 6개월 정도 견딜 수 있는 췌장암 말기라는 것이다. 그토록 남의 질병은 고쳐 주고 살아오면서 정녕 자기 몸의 암은 알지 못했던 것이다. 통증이 느껴져 입원을 하면서 투병하게 되었다.

자주 병문안을 갔던 어느 날 내 마음에 Dr.한에게 구원의 확신에 관한 권면을 하게 되었다.

"집사님, 예수님을 구주로 믿으십니까?" 대답이 없었다.

"집사님 내가 죽으면 천국에 갈 확신이 있습니까?" 역시 머뭇거리다가 말했다.

"목사님, 사실 교회는 다녔지만 예수님이 구주로 믿어지지가 않아요." 또

"저는 천국에 가는 것도 믿어지지 않아요."라고 말하면서 미안해했다. 나는 사실 그 두 가지 질문에 당연히 "믿습니다."라고 답할 줄 알고 확인해 보았는데 청천벽력 같은 답을 들었다. 나는 멍하니 바라보다 내게 충격적인 자책감이 일어났다. Dr.한이 내 설교를 7년이나 들으면서 신앙생활을 했는데 그리고 존경받는 집사로 알고 있었는데 예수가 안 믿어진다니 내가 얼마나 무능한 목사이기에 Dr.한이 중생도 못한 상태로 살게 했는가 회개하며 애타 했다.

그리고 성도들과 함께 Dr.한이 거듭나서 예수를 구주로 믿고 천국에 갈 확신을 갖게 하는 영적전투를 하게 되었다.

어느 날 문병을 갔는데 간병인이 말하기를 밤마다 죽음이 두려워 괴성을 지르는 표정이 마치 마귀처럼 무섭다는 것이다. 죽

음이 두려워 떨고 있는 흰지의 모습이 너무나 애처롭고 두렵다는 것이다.

저와 교회가 합심하여 기도했다. 마치 엘리야가 갈멜산에서 바알 선지자들과 대결하는 그 전투가 Dr.한의 병실에서도 일어나고 있었다.

거의 임종이 가까워져 가는데도 여전히 Dr.한은 주님을 만나지 못한 채로 죽음의 공포에 질려 있었다.

임종 보름쯤 되던 시쯤에 놀라운 소식이 전해졌다.

"목사님 그이가 예수님을 만났어요." 하염없이 눈물을 쏟으며 회개하면서 긴 밤을 보내면서 살아계신 주님을 구주로 만났다는 것이다. 이튿날 Dr.한이 말했다.

"목사님, 이젠 주님이 나의 구주이심을 믿습니다. 조금도 죽음이 두렵지 않아요. 예수님 계신 천국에 어서 가고 싶어요." 놀라운 고백이다. 그는 며칠 후 예수님 품에 안겨 천국으로 입성하는 승리자가 된 것이다.

나는 Dr.한의 죽음을 통하여 인생의 중요한 교훈 몇 가지를 배웠다.

먼저 자기 병도 못 고치는 의사, 구원의 확신도 없이 교회 다니는 집사인 Dr.한이 너무나 불행한 인간이라는 것이다. 아무리 남들이 선망하는 의사일지라도 거기에 인생의 해답이 있지 않다.

예수를 구주로 믿는 영생을 얻은 자로서 의사로 살아야 한다.

또한 목회는 구원의 확신에 대해 가르치고 복음으로 거듭나게 하는 성령의 역사하심을 설교로 선포하고 제자훈련으로 무장시켜야 하는 목회적 각성을 일깨워 주었다.

그리고 남자가 50세 전후로 죽으면 남은 가족들이 너무나 힘들다는 것도 깨달았다. 부인은 늙지도 젊지도 않는 40대 후반이요 남아있는 아이들은 학교에 다니고 있는 미성년자들로서 하루아침에 가사에 위기를 맞게 된 것이다.

그러나 Dr.한은 승리자로 끝을 맺었다. 온 가족들에게 의사의 유업이 아닌 신앙의 유업을 남겨둔 채로 천국의 소망을 보여 주었다.

진정한 감사

목회여정에는 견디기 힘든 일들도 있지만 위로와 감동을 얻는 일들도 많다. 어느 집사 부부의 감사신앙은 내게 '진정한 감사'가 이런 것이라고 일깨워준 값진 스토리가 담겨 있다.

입시철이 다가오면 매번 교회에서는 입시생들을 위한 특별기도회를 가진다. 입시생 딸을 둔 김 집사님 부부가 40일 작정으로 새벽기도회를 하게 되었다. 남편은 평소에 새벽기도회를 하지 않는데 딸을 위해 결심하고 시작했다. 부부는 하나님께 서원을 했다. "내 딸이 합격만 하면 1년 치 과외비를 감사헌금으로 드리겠습니다."라고 큰 약속을 하였다. 그런데 입시결과는 불합격이었다. 그래서 2차 지원을 앞두고 부모와 딸이 학교와 학과 선택에 의견이 맞지 않아 가정불화가 발생하고 말았다. 가족회의에서 목사님에게 가서 상담한 후 목사님이 지명해 주는 학교와 학과를 지원하자고 의견을 모았다.

그런데 부부는 지난 주일예배 때 고액의 감사헌금을 드린 바 있다. 딸은 분명히 불합격을 했는데 어째서 이런 고액의 감사헌금을 드렸을까! 아니면 특별한 경사가 있었는가! 이해가 되지 않았는데 마침 입시상담 차 목양실에서 만나게 된 것이다.

내가 아는 상식과 들었던 정보를 총동원하여 K대학 회계학과를 지원하는 게 좋겠다고 조언했는데 그대로 진학하여 전문직업인으로 당당히 잘 살고 있다.

내가 입시상담을 해 주면서 지난 주일 감사헌금에 대해 양해를 구하면서 묻게 되었다. 사실 내 목회 중에 가장 큰 액수의 감사헌금이었기에 호기심이 나서 사연을 알아보고 싶었다.

부부는 당연히 한 일인데 쑥스럽네요 하면서 헌금한 경위를 간증해 주었다. 40일 작정기도를 하는 중 두 부부가 말씀의 은혜를 받고 점점 기도의 능력이 더해지고 열정이 생겨서 신앙생활이 달라졌다고 한다. 시작할 때는 딸이 지원하는 학교에 합격하도록 기도했는데 성령의 은혜를 받고 보니 기도제목이 바뀌었다는 것이다. 그동안 교회생활에 부족했던 것, 교회봉사에 부족했던 것, 이웃사랑을 실천하지 못한 것 등 신앙생활 전반에 대한 회개가 되면서 사죄의 기쁨과 평안이 충만해져 갔다는 것이다. 특히 기도할 줄 모르던 남편이 기도생활이 되고 교회봉사에도 열심을 가지게 되었다고 한다.

딸이 불합격통지를 받고 실망하던 때도 부부는 조금도 실망스럽지 않았다고 한다. 이상하게도 마음이 기쁨과 감사하는 감정이 더해 갔다. 그래서 아내가 남편에게

"여보, 우리가 하나님께 아이가 합격하면 1년 치 과외비를 감사헌금으로 드린다고 약속했는데 지금 드립시다. '합격하면 드린다'는 것은 우리가 정한 조건이고 하나님은 우리의 감사를 원하는 것이라고 생각되는데 당신 뜻은 어떻소?"라고 할 때 나도 그런 마음이 들었다고 하면서 기쁨으로 드렸다는 것이다.

이는 은혜를 받은 성도의 생각과 감정이 하나님이 기뻐하시는 뜻을 분별하는 영이 믿음으로 역사한 것이다. 우리는 평소에 감사할만한 일이 있을 때 쉽게 감사한다. 그러나 '그럼에도 불구하고'의 조건에서도 감사하는 믿음은 조건과 환경을 초월하는

능력이 나타나는 것이다. 나의 목회에서 진정한 감사신앙을 만난 감동이 늘 새겨져 있다. 나의 조건보다 하나님은 나의 감사를 먼저 원하신다는 깨달음을 내 목회를 감사의 목회로 이끌어 준 동력이기도 하다.

베델성경대학의 애환

나의 목회에서 설교 외에 가르치는 새신자반, 청지기반, 책별 성경연구반, 베델성경대학반이 있었다. 그 중에 기존 신자와 청년세대에 획기적인 성과를 거둔 프로그램은 베델성경대학공부였다. 부산 송도제일교회에서 몇 차례 수료하는 성과를 거두었다. 서울영천교회에서도 몇 차례 수료했다. 그런데 말씀훈련의 사각지대에 있는 계층이 있다. 그것은 장로님들이다. 내가 교회에 부임하여 새신자반 교육과 청지기 훈련반에서 몇 년 간 몰두하면서 관찰해 보았다. 일반성도들은 열정으로 참여하여 좋은 결과를 얻었다. 그런데 장로님들은 소극적이고 참여도가 낮았다. 연령상 60대가 많고 50대로 구성된 당회원이 11명이었다. 한 번도 성경공부를 해 본 경험이 없는 상태이다. 그들이 먼저 영적으로 충전이 되어 함께 동역해야 할 소중한 장로님들이다. 장로님들이 성경공부반에서 대화하고 토론하고 나아가 교제하면서 영적리더십을 무장하여 신실하고 충성된 청지기가 되기를 소원했다.

그래서 베델성경대학 공부를 실시하게 되었다. 매주 2시간에서 3시간 말씀 안에서 만나는 시간이었다. 베델성경공부는 적응하기만 하면 매우 유익한 말씀훈련이다. 이수자들 중에 잘 적응한 수료생은 그 다음 생활반에서 더 큰 훈련을 받으며 보람을 누린다.

그런데 베델성경공부에 다수에 해당하는 8명 중 전혀 적응이 안 되는 사람이 6명이고 출석이 불규칙한 사람이 2명으로 흥미를 갖지 못하고 있었다. 기초학습이 못 미치고 있는 것을 파악했다.

사실은 예습준비가 있고 복습과제가 있다. 참고 되는 책을 읽는 것도 있고 발표하는 순서도 있다. 이런 과정을 적응하는 사람은 너무나 좋아하고 만족해한다. 그러나 적응이 안 되는 사람에겐 큰 부담인 것이다.

그래서 강사인 내가 수정하고 양보를 했다.

1. 당회원 전원이 수료하는 것을 끝까지 고수한다.
2. 과제물과 발표는 준비되는 사람만 하기로 한다.
3. 교제 안에 있는 주제를 살려 설교 형식으로 전달하여 부담이 덜 되는 강의를 하기로 한다.

4. 공부보다 더 소중한 것은 담임목사와 당회원이 매주 만나 성경공부를 하고 인간적으로 교제하는 점이 훨씬 소중하다고 여긴다.

5. 목사와 장로는 예배와 당회회의 때만 만나는 것으로는 부족하다. 성경공부는 예배가 아니고 훈련이다. 늘 변화하면서 개혁이 되어가야 한다.

이러한 기본방침을 가지고 1년 8개월 만에 당회원 베델성경공부를 마치고 베델성경대학 의미를 부여하여 학사모를 쓰고 수료식을 거행했다. 어느 분이 말하기를 내가 평생 대학의 학사모를 쓸 사람이 못되는데 베델성경대학에서 내 한을 풀어 주었다고 했다. 내가 성경공부를 실시하면서 당회원 베델성경대학 공부만큼 어려움을 느끼면서 애환을 감당해본 적은 없었다. 혹시 도중하차하는 멤버가 있을까? 어떻게 하면 깨닫고 공감하는 재미를 얻게 할까? 등 힘써 기도하면서 진행한 훈련과정이었다. 지나고 보니 억지로라도 성경훈련으로 교제했던 그 시간이 내게 행복한 애환으로 새겨져 있다. 당시 당회원 11명 중 5명이 하늘나라로 가셨다. 6명은 아직도 건재하시지만 이미 10여전 전에 은퇴한 상태로 노년을 살고 계신다. 내가 은퇴한지도 벌써 9년이 지났다. 세월이 날아간다.

강단에 신발 신기

내가 시무한 교회에서는 강단에서는 신발을 벗고 올라가는 것이 오랜 관례가 되어 있었다. 부임해 보니 강단에 올라가는데 신경이 쓰였다. 나무로 만든 여섯 계단을 오르내리는데 계단의 폭과 길이가 좁아서 신경을 쓰면서 오르내려야 했다.

몇 개월 후 당회에서 강단에 신발을 신고 올라가기를 제안했다. 그러자 몇 분이 단호히 거부의사를 밝혔다. 그 이유는 강단은 거룩한 곳이기 때문에 신을 벗는 것이 당연하다고 하면서 오랜 관례라고 했다. 나는 토론을 하지 않고 연구해 보자고 했다.

사실 신을 신는 것과 신을 벗고 슬리퍼로 신는 것은 청결 상 차이가 없다. 그리고 신을 벗으면 더 땀 냄새가 노출되어 위생상 좋지 않은 점이 더 많다. 그리고 우리가 정장이라고 할 때는 신발을 단정히 신어야 정장이 된다. 강단에 신을 신고 오르거나 벗고 슬리퍼로 올라가는 것은 교리문제가 아니다. 당회의 결정대로 시행하면 되는 일이다. 그러나 강단은 영적인 의미로 해석을 하는 것은 옳지 않다고 본다. 내가 설교 차 방문해 본 10개 교회 중 1개 교회만 신을 벗고 오를 뿐 대부분의 교회강단에는 신을 신는 추세이다. 내가 방문해본 외국교회는 전부 신을 신고 오르는 구조이다.

신 벗기를 주장하는 분에게 자연스럽게 대화로 설득하기로 작정하고 자리를 마련했다.

"장로님, 강단에 신을 신고 올라가는 일로 저가 두 가지만 말씀드리고자 합니다. 강단용 나무계단이 좁아서 슬리퍼를 신으면 더 오르기가 불편합니다. 신을 신으면 훨씬 안정되게 오르는 점이 좋습니다.

그리고 강단은 거룩한 장소이기 때문에 신을 벗어야 하는 의미는 맞지 않습니다. 사실 예배당은 전 건물이 다 거룩한 건물로써 구별된 곳이지요. 신을 벗으려면 현관에 들어올 때부터 벗어야 합니다. 결코 강단 위만 거룩하지 않습니다. 강단을 너무 영적인 장소로 의미를 두는 것은 성경적이지 않습니다."

라고 설명 드렸다. 그리고는 저의 의견을 이해해주시라고 간청하였더니 수긍해 주셨다. 그리고는 신을 신고 강단에 올랐더니 매우 안정적이었다. 그런데 그 한 분은 자기 대표기도 순서 때 종전대로 신을 벗고 오르셨다. 그 후 몇 번 그러시더니 자신도 신을 신고 오르게 되었다.

비록 이런 문제만 아니라 관습에 따라 교리처럼 인식되어 버린 관행들이 더러 있다. 주일에는 식당에 가서 식사를 사 먹으면 안 된다, 교사가 마트에서 간식거리를 사서 주일학교 학생들에게 나누어주는 것은 금지한다는 관행이 강조되어 왔다. 그러나 언제부터인지 지금은 일반화되어 버렸다.

내가 모 교회에 주일에 저녁설교 초청을 받았다. 먼저 식당으로 안내하여 미리 차려진 식탁에서 여러 명이 함께 식사를 했다. 고신교회에선 전혀 있지 않는 일이므로 낯설었지만 그 교회에서 일상화된 관례였다. 그들이 설명하기를 손님을 대접하는 일은 좋은 일이라고 하셨다. 교리가 아니거나 나아가 진리가 아닌 관습을 교리화 하면 배타적이고 편협한 사고에 빠지기 쉽다고 본다. 강단에 신을 벗는 것보다는 신발을 깨끗하게 단장하고 예배에 참석하는 것이 더 의미 있는 일일 것 같다.

전례와 새 전례

나의 목회에 두 사람의 역할이 매우 큰 의미를 깨닫게 해 주었다. 대학부 담당 사역자인 김은성 목사가 대학생들과 함께 일본에 단기선교훈련을 가게 해 달라는 요청을 해 왔다. 그 당시로서는 매우 획기적인 일이었다. 일부 교회에선 해외단기선교를 다녀오기도 했으나 우리교단 교회에서는 별로 없는 사례였다. 대학부 담당 장로님과 상의해봤더니 매우 소극적이었다. 당회에서 의논해 보았더니 대체로 부정적이었다. 이유는 아직까지 전례가 없고 대학부만 보내면 다른 교육부서와 형평성이 맞지 않나는 것이 있다. 또한 예산도 없다는 것이다. 다음에 의논해 보기로 하고 결정을 보류했다.

그러나 대학생들의 열정은 단호했다. 금년 여름에 단기선교를 꼭 실행하도록 허락해 달라는 요청이었다. 두 달 후 다시 당회를 열었다. 다수는 반대하지는 않은 분위기였다. 소수는 단호히 반대하기를 전례가 없다, 그리고 다른 부서와 차별하는 행사로서 형평성에 맞지 않다는 것이었다.

말을 아껴왔던 저가 반대자들을 설득하기로 나섰다.

"전례가 없다는 것은 지금 실행하면 새로운 전례가 되는 것입니다. 좋은 새 전례를 하나 만들어 봅시다. 전례가 없다고 아무 일도 시작하지 않으면 결코 발전할 수 없을 것입니다."라고 강조하면서 협조를 구했다. 또 다른 부서와 차별하는 염려도 문제가 되지 않는다고 했다.

"이번엔 대학부가 가고 다음엔 다른 부서가 가게 되면 공평한 행사가 될 것입니다. 다 같이 한꺼번에 가는 그런 여건은 주님 오실 때까지 불가능할 것입니다."라고 설득하면서 이번엔 대학부 단기선교를 허락해 주자고 간청을 드렸다. 기꺼이 허락을 했다. 그랬더니 대학부 안에서 몇 가지 변화가 일어났다. 우리 딸이 일본어를 전공한 기업체 직원연수 강사였기에 속성 과외로 밤늦게 까지 일본어 기초회화공부를 하는 열기가 일어났다. 또한 특별기도회를 가지면서 단기선교를 준비하니 영적으로 성숙해지는 분위기였다. 그리고 대학부가 단기선교를 통하여 새로운 견문과 도전을 경험하면서 숫적으로 부흥하는 동기부여가 되었고 백 여명이 회집하는 청년공동체가 자리 잡게 되었다.

김상수 장로가 장립을 받은 후 중등부 지도위원으로 직책을 맡게 되었다. 장로로 부름 받은 후 그에게 큰 사명감이 일어났다. 그 동안 교회를 섬기지 못한 신앙생활을 반성하면서 주님의 일에 충성하겠다는 결심으로 고액의 헌금을 교회에 바쳤다. 매우 드문 일이었다. 거의 없는 사례였다. 그 헌금으로 부목사 사택을 마련하는 전세금으로 값지게 쓰여졌다.

김 장로의 열정은 일회성이 아니었다. 한번은 연초에 중등부 하기수련회를 해외에서 갖고 싶다고 제안해 왔다. 어느 나라냐고 물었더니 베트남이라고 했다. 나는 매우 어려운 여건이라고 했으나 김 장로님은 여러 가지로 알아보면서 가능성을 타진한 정보를 가지고 있었다. 먼저 교사와 학부모들이 찬성하고 적극 협조하겠다는 것이다.

또한 학부모 중에는 매년 여름에 가족 해외여행을 가는데 만약 중등부 수련회를 해외에서 가진다면 부모로서 함께 가서 봉사하셨나는 가정도 있다는 것이다.

그리고 교회가 국내서 가지는 수련회 경비만 제공해 주면 나머지 경비는 학부모 후원과 또 지도위원이 후원하겠다는 것을 밝혔다.

그러나 당회에서는 반대가 아니라 당연한 우려를 가졌다. 인원이 다수이기에 그 많은 경비와 관리를 어떻게 할 것인지 철저한 준비가 있어야 할 것을 지적했다. 또 일각에서는 다른 부서와 형평성이 맞지 않다고 하는 여론도 있었다. 그러나 차차 기회를 만들어 가기로 하고 이번엔 중등부가 가기로 한 것이었다. 한 사람의 열정과 헌신적인 희생으로 전례가 없던 새 전례를 만드는 계기가 되었다. 그 다음 해엔 초등부가 필리핀에서 해외 성경학교를 하게 되었다. 해외성경학교의 몇 가지 장점이 있다.

1. 외국의 낯선 환경의 견문을 자라면서 경험하는 것은 매우 소중한 자산이 된다.

2. 국내에서는 불가능하지만 아이들이 외국의 힘들고 어려운 환경을 견디면서 열심히 봉사하고 노동도 하면서 행동이 변한다는 점이다.

3. 부모들이 볼 때 우리 아이가 집에서는 손끝도 안 움직이는데 외국에 가서 직접 청소하고 이부자리도 정돈하고 빨래도 하

는 등 힘든 일을 하는 것이 너무도 대견스럽다고 했다.

4. 현지 아이들과 함께 예배드리며 오락이나 운동을 하는 교제의 시간이 매우 좋은 추억으로 새겨진다는 점이다.

수년 후 중학생이 자라서 성년이 되어 군 입대를 하게 되었다. 내게 인사하러 엄마와 함께 사무실을 찾아왔다. 그 때 이런 인사말을 한 것이 내게 큰 보람이 된 적이 있다.

"목사님, 제가 중학생 때 베트남에 가서 수련회를 참석하고 믿음이 좋아지고 현지 아이들과 사귀고 봉사하면서 매우 좋았습니다. 목사님께서 그 때 해외수련회를 허락해 주셔서 감사했습니다." 그 때의 해외수련회를 통하여 성령께서 아이들을 다듬어 가신 손길을 눈으로 보게 된 것이 매우 큰 보람으로 여겨졌다.

전례에 묶여 있으면 발전할 수가 없다. '전례가 없다'는 것이 반대명분이 된다면 아무 일도 할 수 없다. 전례는 만들면 새 전례가 된다. 즉 교회는 전에 안 해본 일을 용기 있게 시작해서 좋은 전례를 만들어가야 한다. 그것이 성숙이고 부흥이다. 전에 안 해본 일을 해 보는 그 일에 하나님이 기뻐하시고 또 하라고 명하시는 뜻이 성취되어 가는 것이다.

낙선의 교훈

총회에서 선거로 선출하는 각종 선출직을 13번이나 치렀다. 그 중에 11번은 당선되었으나 2번은 낙선했다. 총회서기와 부총회장 선거에서 실패했다.

당시 총회서기는 60대와 50대의 대결로 관심을 끌었다. 총회장을 비롯한 전 임원들이 60대로 구성되는 추세였다. 그래서 젊은 총대들이 총회지도부가 너무 노쇠한 분위기라는 여론이 일어나 서기직 이하는 50대로 구성하여 균형을 이루자는 변화를 시도하는 의미에서 50대를 대표하여 내가 출마하게 되었다. 그런데 결과는 낙선이었다. 그래도 선배가 먼저하고 경험 많은 어른이 해야 한다는 관습에 생각보다 벽이 높았다. 2년 후 비로소 내가 50대로 서기가 된 후 줄곧 서기는 50대로 구성되는 전기가 마련되었다.

부총회장 선거는 매우 치열했다. 전국노회를 순회하면서 인사하는 일과 각종 모임에 가서 홍보하는 일을 했다. 나는 처음으로 입후보했지만 상대 후보는 세 번째 도전하는 대 선배였다. 그리고 총회장 임기가 끝나면 곧 은퇴를 해야 하는 시기를 맞은 상황이었다. 초반 분이기는 젊은 총회장을 기대하는 여론이 높았고 나의 당선을 예상하는 지지자들이 많았다고 보았다. 그런데 들려오는 소식이 점점 상대지지 여론이 일고 있었다. 상대후보의 선거홍보 전략이 매우 지혜롭고 설득력이 있었다. 그는 세 가지 전략으로 인사를 했다.

첫째로 이용호 목사는 언젠가는 꼭 총회장으로 일할 사람이고 앞으로 기회가 많이 있지만 나는 이번이 마지막이고 세 번째 도전이기 때문에 한번 지지해 달라는 호소를 했다.

둘째로 내가 이번에 낙선하면 곧 은퇴를 해야 할 입장이지만 꼭 총회를 위해 한번 봉사할 기회를 본인에게 달라는 것이다.

셋째로 나이 많은 선배 후보로서 읍소하면서 열정적으로 홍보하는 모습에 나이든 총대들의 지지도가 매우 높아갔고 마침내 선거의 결과가 박빙으로 과열되어 갔다.

총회 당일 1차 투표에서 3표차로 내가 뒤졌다. 과반수 지지가 미달하여 2차 투표를 해야 했다. 투표를 진행하려는 그 순간에 제 마음에 양보를 해야겠다는 생각이 들었다. 주변에서는 2차 투표에서는 반드시 역전될 수 있으니 걱정말라는 만류도 있었으나 내 마음에 나는 낙선이 되어도 내년에 다시 기회가 있다. 하지만 상대는 기회가 없을 뿐 아니라 세 번이나 낙선하면 그 심정이 얼마나 충격을 받겠는가를 생각하게 되어 투표 직전 내가 후보사퇴를 선언하게 되었다. 총대들이 하나같이 박수로 나를 격려해 주었다.

나는 두 번의 선거에서 낙선을 경험했다. 거기서 값진 교훈을 배웠다.

첫째로 나를 겸손하게 낮추게 되었다. 선거에서 자만은 금물이다. 낙선해 보니 나의 자만을 깨닫게 되었고 나를 낮추는 겸손을 배우게 되었다.

둘째로 선거는 여론이 매우 중요하다는 점이다. 선거에서 후보자의 악재가 발생하면 매우 불리하다. 대중을 설득하는 호재가 있어야 유리해진다. 상대 후보는 세 번째 도전하고 이번이 마지막 기회라는 점이 설득력이 강했다.

셋째로 결과를 보기 전에는 섣불리 판단하면 안 된다는 점이다. 끝까지 긴장을 가지고 최선을 다해야 한다. 한 순간도 방심은 금물이다.

넷째로 선거는 곧 사람을 만나는 일이다. 많이 만나고 많이 설득하고 많이 지지를 호소하는 편이 이긴다는 점이다. 전화나 제3자를 통한 인사도 의미는 있지만 내가 직접 사람을 만나는 인사만이 마음을 움직이게 한다.

선거에는 금메달만 있다. 즉 당선자만 명예와 영광을 독식한다. 낙선자는 은메달이 아니고 전부를 잃어버린다. 그래서 선거는 재판처럼 당선과 승소에 승부를 건다. 그래서 과열이 되기 마련이다. 그러나 선거에서 당선될 때 권위가 부여되고 지도력이 힘을 가진다.

2015년의 두 사건

2015년에 개인적으로 정년은퇴를 했으며 교단적으로는 고신측과 고려측이 통합하는 일이 있었다.

○ **정년은퇴**

먼저 저의 목회사역 48년을 은퇴하였다. 부교역자로 8년, 담임목회로 40년을 시무하였다. 신대원 1학년 때 해운교회를 개척 시무하였고 강도사 때에 부산 동래제일교회를 개척 시무하였다. 선교사로 부름 받아 2년간 선교훈련 중 유신정부 시절 목사의 여권동결조치로 출국이 지연되어 부산 송도제일교회에 담임목사로 11년을 시무하다 서울영천교회의 청빙으로 1989년부터 27년간 시무하고 2015년 12월 12일에 은퇴식을 가짐으로 정년퇴임을 하게 되었다.

돌이켜 보면 목회를 완주할수록 실수와 범죄와 위기와 약점들이 너무나 많았다. 하나님께서 인내로 긍휼을 베푸셔서 다시 기회를 주시고 은혜로 채워주셔서 정년까지 사역할 수 있었다. 전적인 하나님의 은혜의 승리일 뿐이다.

나의 목회를 회상해 볼 때 세 가지의 도전이 있다고 본다.

첫째로 강도사로서 개척교회를 시작한 일이다. 집사님 두 가정과 함께 동네 유치원을 주일예배 처소로 빌려서 시작했다. 이름을 동래제일교회로 하여 2023년 현재 설립50주년을 맞았다. 교회개척을 시작하고 세워가는 과정에서 하나님이 교회를 일구어가시는 역사가 분명했다. 나의 목회는 개척교회를 통하여 혹독한 연단을 하게 하셨다. 그러한 인내가 나의 목회를 가능케 한 면역력이 형성되었다고 본다.

둘째로 30여 년 간 부산에서 공부하고 목회하던 내가 45세가 되었을 때 서울영천교회로 청빙을 받았다. 나의 서울목회의 출발은 또 다른 큰 도전이었다.

부임해 보니 교회도 낯설고 서울생활의 환경도 낯설었다. 교인은 팔도 사람이 모여 있고 주일에 팔도 사투리를 들을 수 있는 교인분포였다. 이전에 시무하던 교회와 너무나 환경이 달랐다. 적응하는데 무려 5년여의 시간이 필요했다.

그러나 역시 서울은 거대한 기독교시장이었다. 고신과 비교할 수 없이 큰 교단들이 있고 기라성 같은 한국교회 지도자들이 포진하고 있었다. 내가 그 숲 속으로 뛰어 들어가는 도전을 했다. 그것이 강단교류였다. 교단 내에서 아무도 시도하지 않는 강단교류는 큰 모험이었다. 침례교의 김장환 목사, 통합의 김삼환 목사 등 감리교와 합동과 기타 여러 교단의 훌륭한 목사님들을 모시고 은혜를 받고 비전을 키워갔다. 또 교회 세미나와 헌신예배 때는 평신도 전문가들도 자주 초빙하여 메시지를 들었다. 나도 타 교단 강단에 자주 서면서 교제를 하고 인맥을 쌓아 갔다.

특히 유익했던 것은 대신 측에서 목회자연수원을 설립하여 구약강론을 총신대 김희보 박사가 맡고 신약강론은 제게 맡겨 주었는데 매학기 200여명이 등록하여 8년간 강론하며 섬겼다. 그 일로 인하여 내가 서울을 공부하고 나 자신이 서울화가 되어 가는 모습을 자각하는 계기가 되었다. 그 후로 한기총과 대한성서공회와 CBS기독교방송과 국민일보와 한국기독교화해중재원에서 불러 주셨다. 이단대책위원장, 이사, 편집자문위원으로 섬기면서 그 기관에서 이루어지는 하나님 나라의 뜻을 발견할 수 있었고 함께 섬기는 성과를 얻을 수 있었다.

셋째로 은퇴를 대비한 소박한 도전을 시도했다. 은퇴 5년을 앞둔 2010년에 두 가지 시도를 했다. Facebook을 시작했다. 노년의 삶을 글과 사진으로 일기를 쓰면서 흔적도 남기고 나를 SNS세계에서 함께 호흡을 해 보는 도전을 시도했다.

또 한 가지는 사진을 시작했다. 공인된 사진클럽에 등록을 했다. 서울사진클럽(SPC)에 CEO과정에 등록하여 16주(4개월)간의 이론학습과 매주말마다 현장출사 실습과정으로 수련을 했다. 과정은 기본과정과 심화과정 그리고 창작과정이 있다. 사진작가나 전문인이 되려면 상위과정이 필요하다. 그러나 나는 내 생활 속에서 사진을 기본적으로 이해하고 구도와 빛 처리의 기본을 습득하여 내가 즐기는 생활사진을 원했기에 기본과정만 수료했다. 그러나 동문들이 작가가 되어 사진전시회를 열고 초대받아 함께 교제하는 기쁨도 노년에 누리게 된 덤이다.

무엇보다도 페이스북에 사진을 올리는 즐거움이 글과 함께 의미를 살려 준다. 여러 페이스북 친구들이 사진에 대해 소감을 전해 온다. 그럴 때마다 힘이 나고 보람을 느낀다. 벌써 13년째 되다 보니 5천여 매의 사진이 컴퓨터와 앨범과 외장하드에 저장되어 있다. 그 중에 200여 매를 세 가지 사이즈로 출력하여 판넬로 큰 사이즈는 4매, 중간사이즈는 8매, 작은 사이즈는 21매씩 우리 집 거실 복도 양편과 서재 책장 위에 사면으로 전시해 놓고 왕래하면서 보고 즐긴다. 가끔 오는 손님들에게 함께 즐기고 싶다. 가족들과 지인들이 보고 나의 사진사랑 열정에 격려를 해 주기도 한다.

사진은 저장해 두면 잘 보지 않는다. 출력하여 전시를 해 보니 내 살아온 발자취와 지금 살고 있는 모습이 늘 눈으로 보면서 과거의 사람들도 만나고 추억을 새기게 해 준다.

○ **교단 통합**

2015년 9월 15-18일 고려신학대학원에서 고신측과 고려측이 역사적인 통합총회로 모였다. 그동안 여러 해 물밑작업으로 소원해 오던 교단통합이 드디어 은혜롭게 성사된 것이다. 이 일은 몇 가지 면에서 큰 의미를 지닌다.

첫째로 한국교회에 던지는 빅뉴스로서 신선한 충격을 주는 사건이었다. 그동안 한국교회는 교단별로도 사분오열 하면서 난립해 왔고 현재도 계속 교단이 생겨나고 있다. 그런가 하면 연합기구도 계속 분열하여 권위와 영향력을 상실한 채 제 구실을 못하고 있는 현실이다. 또 일부 교단이 통합을 했지만 또 분열하는 소식이 들려오는 실정이다.

이러한 환경 속에서 고신과 고려의 통합은 가장 모범적인 통합의 귀감이 되었던 것이다.

둘째로 가장 주효한 요인은 개혁주의 신학적 바탕과 고신정신의 전통적인 일치감이다. 고려교단을 설립하고 키운 석원태 목사는 투철한 개혁주의신학의 주창자이다. 그리고 고신신앙의 정신과 전통을 접목하여 그대로 고려총회를 발전시켜 왔다. 석권태 목사가 고신에서 목회할 때나 고려에서 목회할 때 그는 변함없는 고신맨이었다. 신학과 신앙의 일치가 통합의 공감대를 이루는 가장 큰 요인일 수밖에 없었다. 그와의 사소한 여건들은 슬기롭게 극복할 수 있었던 것이다.

셋째로 양 교단이 함께 원원 하는 역사적인 기념비를 세웠다. 수적으로는 10대 1 정도의 비율이지만 고려측은 이제 큰 집에서 함께 하나님이 주신 은혜와 여러 사역을 함께 공유할 수 있는 계기가 되었다.

고신은 수도권에서 교세를 강화하는 효력을 얻었을 뿐 아니라 훌륭한 목회자들과 선교사들을 보강할 수 있어서 큰 힘이 되었다. 교단역사에서 2015년의 통합총회는 하나님이 기뻐하시고 또 하나 됨을 이루어가는 명예로운 신의 한 수였다.

존로스목사의 후손들과 대한성서공회 이사들이 제막예식 후 존로스 목사의 묘역에서 함께

제6부

취미생활의 멋

취미생활의 멋

책과 독서

책은 독서하게 하는 스승이고 독서는 지식을 쌓게 하는 스승이다. 나는 독서를 통하여 배운 것이 매우 많다. 대학과정을 하나 더 학습하고 박사학위 과정을 하나 더 마친 것보다 책과 독서에서 배운 것이 훨씬 많다.

나는 한 때 성경을 탐독했다. 주석도 소설책 읽듯이 독서하기도 했다. 독서하는 열정은 남달랐다.

신학교 다닐 때는 틈만 나면 소설책을 읽었다. 내 서재에는 소설책과 수필전집이 그대로 보존되어 있다. 세계문학소설전집 100권 중 기독교와 관계된 소설을 우선 탐독했다. 당시 정음사에서 100권으로 출판한 것을 2년에 걸쳐 다 구입하였다. 한국문학전집, 한국단편문학전집, 이어령 수상전집, 김형석 수상전집, 안병욱 수상전집 등을 독파했는데 휴가 때도 책을 한 보따리 싸 가지고 가서 읽었는데 후배가 나의 독서열정을 보고 감탄한 소감을 지금도 만나면 이야기하곤 한다.

목회를 하면서도 문학서적은 종종 읽었다. 신앙서적도 많이 읽었다. 목회초기에는 한경직목사 설교전집을 읽었고 스펄존의 설교전집도 소설 읽듯이 읽었다. 이동원 목사의 성경강론과 신앙서적도 나침반사에서 출판되는 대로 수십 권을 읽었다. 또 이재철 목사의 성경강론과 신앙서적도 홍성사에서 출판하는 즉시 사서 수십 권을 읽으면서 설교와 성경강해의 눈을 뜨고 큰 영향을 받았다고 믿는다.

나는 독서를 하고 설교에 인용할만한 자료는 카드에 옮겨 주제별로 배열해 놓고 활용해 왔다. 내 책상 위 긴 책꽂이에는 많은 카드뭉치가 꽂혀 있다. 책을 읽고 카드에 요약하여 수시로 활용하는 요령을 터득하여 많은 유익을 얻었다.

목회 후반기에는 시인 정현수씨가 펴낸 「명언명구선」과 「명언속명언」 두 권의 책이 많은 도움을 주었다. 저자가 5천여 권의 독서와 66년의 일기 속에서 뽑아낸 지식과 삶의 활기를 주는 말들이 담겨 있는 자료이다. 그리고 이규태씨가 조선일보에 연재한 칼럼은 내게 수많은 정보와 지식과 깨우침을 준 글이었다. 그 전집을 그대로 보존하고 있다.

목회 후반기와 은퇴 후에는 대기자 조갑제 대표의 시사칼럼과 각종 저서들을 탐독하면서 시사를 읽는 판단력을 바로 가지게 해 주었다. 역사적 사실과 진실을 담은 역대 대통령에 대한 평전은 탁월하고 역사적인 증언이요 많은 교훈을 얻게 했다.

조대표의 글과 방송은 국가의 통치자와 공직자 그리고 온 국민들이 가져야 할 국가관, 역사관, 안보관, 외교관, 경제관 나아가 세계관의 길잡이 역할을 해주고 있다.

인권문제와 스포츠와 문화와 여행에 대한 취향도 깊이 있게 다루어 독자들에게 큰 호응을 얻고 놀라운 공감대를 만들어내는 역할도 하고 있다.

끝으로 내가 기독교와 연관된 강의나 간단한 글을 쓸 때는 「기독교문장대백과」의 도움을 받으면서 준비한다. 목사로 사는 동안은 신학생 시절에 소설처럼 탐독했던 박윤선 박사와 이상근 박사의 성경주석과 신약의 신학사전과 기독교문장대백과사전은 나의 설교와 강의에 항상 기본 자료를 제공해주는 지식의 원천이다. 좋은 책을 읽어야 하고 읽고는 지식을 에너지로 쓸 줄 알아야 한다.

여행의 멋과 행복

여행은 몇 개국을 다녀보았는가?
얼마나 긴 기간 동안 여행하였는가?
얼마나 긴 거리를 여행해 보았는가?
누구와 여행을 해 보았는가?

위의 여건도 여행에서 의미를 주지만 나의 경험에서 본다면 아내와 함께 한 여행이 어디를 가든 멋과 행복이 있는 여행이라고 단언한다.

세계여행을 해 보고 싶은 열망과 그 나름의 준비도 한 적이 있었지만 사실 행사나 집회 등 공적인 일로 내가 경비를 들이지도 않게 여행을 많이 했다. 행운이기도 하고 축복이었지만 순수한 여행으로 떠난 경우도 꽤나 많았다. 아내와 함께 북동서로 유럽여행과 아프리카와 남미를 여행한 것 동남아, 북미, 러시아 등 5대양 6대주의 가볼만한 명소들을 대략 여행한 흔적이 새겨져 있다.

그러나 단연 최고의 여행추억은 94년 8월 백두산 천지를 여행한 것이 가장 큰 감동과 의미로 새겨져 있다. 또 한 가지 한라산 사계절을 등반하면서 백록담과 사라오름에 폭우 후 호수를 이룬 장관은 평생에 한 번 보기도 어렵다고 하는 행운을 누리기도 했다. 스위스나 동구리피의 어느 해안이나 호수보다도 백록담과 사라호수의 물을 담은 경관은 살아있는 생명력이 넘치는 최고의 명소이다.

백두산 천지는 1년에 3개월 정도 입산을 허용하는데 그 중에 천지를 볼 수 있는 화창한 날씨는 30여일 밖에 되지 않는다고 한다. 우리 일행 7명이 천지의 물을 만져보기 위해 출발했다. 그 중 아내가 유일한 여성이었다. 장엄한 장벽폭포를 지나 약 1km 평지 길을 가는 산비탈에 야생화가 만발하여 눈길을 사로잡았다. 보기 드물게 쾌청한 날씨로 천지를 선명하게 보았고 손을 담그기도 하고 물을 마셔보기도 하면서 30여분 머물렀다. 진한 감동을 안고 하산하는 도중 갑자기 기상이 변하여 소나기가 퍼부었다. 설상가상으로 아내의 다리에 쥐가 나서 빗속에서 응급치료를 하는 소동이 일어났다. 아내는 너무나 힘들어했다. 그러나 백두산 천지의 여행은 잊을 수 없는 추억이요 행복감을 채워준 산 여행이었다.

한라산은 우리 부부가 제주도에 갈 일이 있으면 당연히 일정을 잡아 하루를 등산으로 즐겼다. 나는 네 차례 백록담과 두 차례 윗새오름을 올랐다. 아내는 6차례 백록담과 두 차례의 윗새오름을 오르면서 한라산의 매력에 푹 젖어서 기회만 있으면 가

보고 싶은 명산이다. 두 산은 닮은 점이 있는 분화구로 이루어진 호수가 있다는 점이다. 천지는 항상 물을 담고 있지만 백록담과 사라오름은 500m 이상의 비가 온 후라야 만수가 되고 물이 빠지는 속도가 빨라서 제대로 보려면 비온 후 입산이 허락된 당일에 가야만 가능하다. 그러므로 호기심에 들뜨고 열정으로 도전해야만 한라산 산정호수를 만날 수 있다.

우리는 국내여행의 멋과 행복을 수시로 누리며 살고 있다. 당일코스나 1박 2일 코스나 2박 3일 코스로 즐길 수 있는 여행지가 잘 정비되어 있다. 내륙에는 당일코스나 1박 2일로도 충분하고 제주도나 울릉도도 2박 3일 코스로 많이 다녀오고 있다. 특히 노년일수록 여행으로 멋을 누리고 행복감을 충전하는 기회를 자주 갖는 것은 몸의 면역력을 높이고 건강의 보약이 될 것이다.

운전과 007작전

2020년을 30년 앞둔 때에 「2020트렌드」라는 책이 나왔다. 2000년 밀레니엄 시대를 앞두고 세상의 환경을 바꾸는 세 가지가 있다고 예언처럼 말했다. 인터넷과 승용차와 핸드폰이 새로운 세상을 살게 할 것이라고 했다. 미래학자들의 예언대로 세상은 크게 바뀌었다.

　우리 부부는 77년도에 운전면허를 땄다. 그 당시 교회에 여성 운전자는 한 명도 없었다. 선교사 파송을 앞두고 준비한 것인데 벌써 46년 전 일이다. 그러나 차가 없어서 장롱면허로 10년이 지났을 즈음 88년도에 S집사님이 소나타 신형이 출시될 때 그 차를 사서 선물해주셨다. 파격적인 일이다. 어마어마한 큰 선물이요 하나의 놀라운 사건이었다. 그 당시 부산노회에 승용차를 가진 목사님은 소형차 수준의 4명 정도라고 듣고 있었는데 젊은 목사 중에는 상상도 할 수 없는 일이었다. 노회에 가면 내 차를 구경하기 위해 모여서 놀라는 모습이 생생하다.

　내 아내는 관리집사님으로부터 운전연수를 잘 받아서 모범운전자가 되었다. 나는 연수과정이 없이 익히다보니 운전이 안정적이지 못했다. 그 이듬해 서울로 교회이동을 했는데 교인 중에 승용차를 가진 사람도 소수였고 여성 운전자는 한 명도 없었다. 사모가 운전을 하는 모습에 여성도들이 크게 도전을 받아 운전면허를 따는 일이 잇따랐고 아내가 여러 여성도들에게 연수를 시켜서 제자들을 두게 되었다. 그들이 은퇴하여 80세 전후의 노인들이지만 지금은 운전을 즐기면서 노년생활에 활력을 얻고 있다.

　아내와 나는 장거리 운전을 많이 했다. 교회의 장례나 결혼식

뿐 아니라 총회의 행사도 주로 부산, 대구, 경주에서 치르다 보니 지방에 갈 일이 자주 있었고 교단교회가 영남에 70%가 있다 보니 설교 차 왕래하는 일도 장거리 운전으로 했다. 그럴 때마다 아내가 세 코스를 운전하고 나는 한 코스를 담당하는 분량으로 감당했다. 은퇴 후에 3년 어간에는 1년에 5,60회 정도 설교 차 전국을 왕래하였는데 아내가 주로 운전을 담당했다. 지금 나이가 칠순 후반이지만 운전테크닉은 아직도 여전하여 기동성에 문제가 없이 살고 있다. 우리는 둘이서 운전하기에 전국 어디에나 1일 코스로 다녀오는 일이 종종 있다. 특히 등산을 즐길 때는 새벽에 떠나서 등산을 하고 귀가하면 밤 12시경이 되는 경우도 허다했다. 그런 열정 때문에 전국에 있는 여러 명산들을 등반하는 추억을 쌓게 되었다.

한 가지 가장 극적인 사례가 있다. 우리 부부가 전국여전도회 연합회 집회가 창녕 장마수양관에서 열려 주 강사로 섬기게 되었다. 숙소는 부곡 온천호텔이었는데 밤중에 일어나 화장실에서 안경을 떨어뜨려 그만 알이 하나 깨어지고 말았다. 나는 안경을 끼지 않으면 원고를 볼 수도 없고 빛이 반사되어 눈을 잘 뜨지도 못하기에 낭패를 본 것이다. 급히 서울로 관리집사에게 전화하여 사정을 알리고 집에 있는 헌 안경을 가지고 오늘 아침 9시 집회에 설교하도록 첫 비행기로 김해공항에 가져와 달라고 했다. 비상사태였다. 아내가 운전은 익숙하지만 그것도 혼자 운전을 하고 네비게이션도 없던 때 큰 모험이었다. 아내는 초인적인 힘을 발휘하여 김해공항에 가서 안경을 받아가지고 왔다. 그래서 남은 집회일정을 잘 마칠 수 있었다. 마치 007스토리 같은 일을 아내의 운전으로 연출한 일이었다.

부부가 운전으로 얻은 유익과 행복은 이루 헤아릴 수 없이 많다. 노년을 살면서 최대한 운전을 할 수 있는 건강을 유지하는 게 또 하나의 바램이다. 운전을 할 수 있다면 기본건강은 유지하고 있다는 증명이 되기 때문이다.

노년의 취미생활

나이 65세가 되었다. 법정 노년이 시작되는 해이고 목회은퇴 준비를 해야 하는 시점이었다. 그동안 취미생활로 운동 겸 등산과 자전거 타기를 해 왔지만 안 하던 취미생활을 해보기로 결심하고 두 가지를 시작했다.

먼저 페이스북을 시작했다. 2016년 6월에 가입했다. 그 이유는 노년생활의 일기를 글과 사진으로 담는데 가장 적합하다고 판단하여 시작했는데 나의 적성과 의도에 잘 부합하였다. 지금 13년째 계속하고 있는데 노트에 글로서 남긴 일기와 사진을 곁

들여 편집한 SNS 공간의 일기는 한 단계 수준 있는 일기가 되었다. 13년의 노년생활의 흔적을 뒤돌아보니 좀 더 멋있는 노년의 삶을 연출하고자 하는 열정이 큰 에너지로 나타난다.

테마 별로 정리해 보니 책으로 발간해도 족히 두 권은 충분한 분량으로 소중한 자료가 되었다.

무엇보다 큰 소득은 페이스북 친구들을 많이 교제하게 된 것이다. 사실 응답해 오는 경우보다도 회의나 모임에 가 보면 나의 페이스북에 대한 소감으로 인사하는 이들이 아주 많다. 노년생활에 누리는 큰 기쁨이고 보람이다.

또 한 가지 시작한 것은 사진이다. 평소에 핸드폰이나 수동식 카메라나 디지틀 카메라 등으로 아무렇게나 사진 찍기를 해 왔지만 기념될만한 사진은 별로 없고 화질도 요즘 사진기에 비하면 비교도 될 수 없는 정도였다.

무엇보다 사진을 제대로 찍으려면 사진기를 알아야 하고 사진촬영에 대한 전문적인 이론과 출사훈련이 학습되어야 한다. 그래서 과감하게 공인된 서울사진클럽(SPC)에 등록을 하고 16주 기본과정을 이수하게 되었다. 매 주 2시간 사진학 교수들의 이론 강의와 주말마다 현장에 출사하여 촬영기법을 훈련하는 과정을 학습했다. 사실 등록금도 사립대학 한 학기 수준을 맞먹는 고액이었고 기본 사진기와 렌즈를 구입하는데도 부담스러웠지만 노년을 위한 투자로 생각하고 용기를 내었다. 사진의 분야가 무궁무진한 수준과 높은 예술성에 놀라면서 기본과정에서부터 사진의 별 세계를 느끼게 해 주었다.

다음 과정으로는 심화과정이 있다. 그리고 그 다음으로는 창작과정이 있다. 그러나 과정이 진행될수록 장비도 갖추어야 하는 부담이 따랐다. 사실 사진작가의 비전을 가진 사람들은 윗단계 까지 학습하지만 나는 평범한 생활 속의 취미생활하기 위한 시도였기에 기본과정으로 절제하고 즐기기만 했다.

사진에 대한 기법이 몸에 익으니까 이전의 사진보다는 다른 구도와 빛으로 사진이 업그레이드 되었고 글과 사진이 서로 의미를 공유하면서 상호 설명을 해주기 때문에 페이스북 일기가 더욱 내실을 갖추어 가는 보람이 있었다.

선배 노인 한 분이 사담 중에

"이 목사님, 젊을 때 안 해본 일을 노년에 한 번 시도해 보게나. 의미가 있다네." 자신은 시를 쓰고 걷기운동을 하면서 정신력과 체력이 건강해졌다고 일러 주셨다.

나는 페이스북 일기와 사진을 즐기는 것을 시작한 것이 그 선배노인이 하신 조언을 증명해 보였다. 젊은 때에 안 해본 일이 그렇게 소중한 의미가 있는 줄 노년에 실행하면서 누리고 보니 큰 선물을 얻은 것 같기도 하다.

부부가 함께 하는 취미생활

우리 부부는 함께하는 취미생활과 따로 하는 취미생활이 구분되어 있다. 함께 하는 취미생활은 등산과 자전거 트레킹과 텃밭 가꾸기고 따로 하는 것은 아내는 탁구열정이고 나는 사진열정이다.

등산

아내는 심장이 약하여 등산을 하지 못했다. 조금씩 하다가 건강도 호전되다 보니 큰 산도 오르게 되었다. 처음으로 함께 등산한 것이 91년도 속리산 문장대이다. 왕복 4시간 거리의 제법 힘든 코스이다. 그 후 월요일 마다 공휴일과 휴가 때도 등산을 즐기다 보니 전국에 있는 여러 산을 오르게 되었다. 아내는 나보다 더 많은 산행을 했다. 지인들과 함께 하는 기회가 많았기 때문이다. 가장 인상 깊은 산행추억은 백두산 천지와 한라산 백록담과 사라 호수와 지리산 천황봉과 설악산 대청봉과 울릉도 성인봉 등 전국에 이름난 명산들을 거의 산행으로 추억을 새긴 코스들이다. 특히 한라산은 내가 4회, 아내는 6회나 완주했고 4계절 등반한 기록을 가지고 있다.

노한 중국의 명산인 황산이나 심청산과 태산, 대왕산, 친축산, 신선산 등 7대 명산과 알프스의 몽블랑과 융푸라우도 등산하는 기회도 누렸고 나는 캐나다의 로키를 1박2일 코스로 승용차와 도보로 여행하면서 설산의 추억을 새기기도 했다. 아직까지도 32년 째 산행을 즐기면서 운동을 함께하고 있다. 오늘의 건강함이 등산운동의 효과를 증명하고 있다.

자전거 트레킹

아내와 함께 22년째 자전거 타기로 운동을 하고 있다. 서울은 한강과 안양천, 양재천, 중랑천, 분당천 등 아라뱃길 등 많은 강변에 양쪽으로 전용도로를 갖추고 있다. 아마도 세계적인 시설로서 손색이 있다. 특히 계절별로 꽃 축제를 열면서 자전거 인파를 모은다. 강변에는 운동시설과 정원을 조성하여 트레킹의 멋을 더하게 한다. 자전거 트레킹은 유산소운동과 근력운동에 탁월한 효과를 준다. 복부비만이 줄어들고 팔 다리와 온 몸 근력이 강화되는 효력이 그대로 나타난다.

평소에는 왕복 40km 정도로 2시간 코스를 주로 타지만 때로는 왕복 80-120km 까지도 주파하기도 했다. 독립문에서 분당까지가 편도 60km, 의정부까지가 60km이다. 아내는 친구와 함께 팔당댐 까지도 주파하기도 했다. 수도권엔 한강과 지천마다 자전거 코스를 갖추고 있다. 전국적으로도 수많은 자전가명 코스가 있다. 그 중 양평 두물머리와 팔당댐 코스와 남한강을 가로지르는 여주보 코스와 북한강을 가로지르는 남이섬과 춘천 의암호 코스가 명소 중 명소이다. 화천 파라호 코스와 북한강과 남한강의 코스는 스위스의 호수와 자연경관에 비추어 조금도 손색이 없는 빼어난 자전거 코스이다.

텃밭 가꾸기

아내는 텃밭 가꾸기와 화초를 기르는데 남다른 열정을 갖고 있다. 은퇴 전에는 사택 옥상에 플라스틱 상자나 그릇에 채소를 기르고 베란다에서 화초를 기르는 취미를 즐겼으나 은퇴 후에는 텃밭을 분양받아 제대로 하는 환경이 되었다. 지금까지 9년째 수 곳을 옮겨 다니면서 텃밭을 가꾸고 있다.

텃밭이 주는 유익은 5월 초부터 11월 말까지 20여종의 계절채소로 밥상 먹거리의 식재료를 풍성케 하는 점이다. 철저히 무농약 유기농 퇴비로 재배하면서 탁월한 맛을 즐긴다. 쌈채소나 파, 무 등은 너무 많이 수확하여 여러 가구에 나누어 주는 즐거움도 함께 누린다. 우리 부부는 농사일에 무식한 초보로 시작했다. 파종의 때를 놓치기 일쑤고 밑기름이니 웃거름을 제 때에 주는 것도 전에 경험이 없었다. 남 따라서 하다 보니 이제는 기본적으로 가꾸게 되었다. 장 목사와 허 목사 가정이 우리보다 한 수 위의 기술로 텃밭을 하면서 우리가 도움을 받기도 한다.

무엇보다 결정적인 것은 홍천에 농원을 경영하고 있는 친구가 18년째 정원과 텃밭 가꾸기를 하면서 부엽토와 우분, 깻묵을 1-3년간 숙성시킨 최고의 거름을 아낌없이 제공해 준다. 결정적인 도움이다. 돈으로 구입해도 상당액이 드는 고급거름이다. 또 친구 아내는 화훼 전문가로 계절마다 꽃을 가꾸어 농원이면서도 정원으로서 많은 지인들이 방문하여 힐링 하는 공간이 되기도 한다.

또한 권사님 한 분이 자기가 사는 지역 주민센터에서 EM을 정성과 수고를 들여서 수십 병의 많은 분량의 거름을 장만하여 제공해 주고 있다. EM은 채소가 자라는데 해충예방 효과와 함께 맛과 영향을 주는 최고의 웃거름이다.

이러한 세 가지 취미생활은 아내가 먼저 시작했고 그 열정이 나를 이끌어 주고 있다. 그래서 지속이 되고 있다. 나보다 훨씬 지구력이 좋아서 등산이나 자전거 타기나 텃밭 가꾸기가 좋아서 부부의 취미생활이 지속되고 남들이 부러워하는 모습이다.

또한 아내는 취미로 탁구를 매우 즐긴다. 정식으로 레슨을 받은 적은 없다. 그저 어울려 즐기면서 40여년 이상 탁구를 통하여 활력을 얻고 산다. 거의 매일 지인들과 어울려 탁구를 치면서 웃고 즐기고 교제하면서 스트레스 해소와 기분전환의 특효약으로 즐기며 지낸다.

나는 특별한 취미는 없다. 그러나 사진을 찍고 출력하여 정리하여 보고 즐기는 열정은 남다르다고 본다. 현재 컴퓨터와 외장하드와 앨범에 저장되어 있는 사진이 4천여 매나 된다. 그 중에서 삶의 스토리가 담긴 기념이 되는 사진과 제법 잘 찍은 작품성이 있는 사진을 네 가지 크기로 출력하여 서재 벽면과 거실 복도 벽면에 빼곡히 진열해 놓았다. 그래서 오가면서 늘 사진을 대한다. 사진속의 사람들은 온 지구촌에 흩어져 살고 있지만 매일 사진 속에서 만나고 삶의 스토리를 되새기면서 즐기고 산다. 나는 사진작가 수준은 아니지만 사진을 출력하여 진열하는 열정은 남다르다고 자부하며 많은 지인들에게 함께 보고 즐기는 기회를 준비하고 있다.

암스테르담 근교(2001)

한강 뚝섬(2009)

제7부

불명예스러운 경력들

불명예스러운 경력들

2001년 총회 부서기 부터 은퇴할 때까지 15년 동안 총회기구에서 총회 임원과 이사장 등 12개 부서에서 직책을 맡았다.

그 중에서 가장 큰 현안을 안고 전투를 하다시피 대립하며 분쟁했던 불미스러운 직책들이 많이 있었다. 왜 하나님은 제게 그런 짐과 시련을 겪게 하셨을까? 돌이켜 새겨본다.

1. 총회전권위원

1) 학교법인 이사 징계 건

2) 거창교회 수습 건

3) 총회 사무총장 징계 건

4) 학교법인 이사장 징계 건

2. 특별조사위원

　　1) L목사 건

　　2) Y목사 건

　　3) C목사 건

3. 총회재판국장

　　상소 9건

4. 총회선교위원장

　　총무 직선제 규칙 개정 건

　　KPM본부 건축 건

5. 학교법인 감사

　　이사장과 이견 대립

6. 총회장

　　비상총회 3회

위에 열거한 직책을 수행할 때에 안건마다 비상한 관심과 치열한 의견대립이 있어서 결론이 난 안건도 있지만 미결로 넘어간 안건도 있었다.

7. 노회전권위원회 13회

내가 부서에서 시기와 위원장으로 직책을 갖고 보니 처리결과에 대한 항의가 서기에게 먼저 있게 되어 많이 시달렸고 소송 건이나 징계 건은 결과에 불복하는 사례가 자주 일어났기에 위원들은 그 후유증에 상처를 입기도 했다.

물론 안건을 처리하고 보니 아쉬운 점도 있고 위원들이 더 배려하지 못한 점이 없지 않았다. 소송사건 재판 중 7건은 무난하게 다루었으나 두 건은 결과가 좋지 않았고 재판국원들이 원만하지 못했던 부분이 후에 나타나기도 했다. 교회의 재판은 결과를 순응해야 결말이 나지만 불복하고 세상법적으로 갈 때는 늘 한계를 느끼는 아쉬움을 달래야 했다.

결과적으로 내게는 적이 많이 생겼다. 그리고 그 비난과 원성은 오래도록 나를 괴롭혔다. 악담으로 공격할 때는 견디기 어려운 순간도 있었고 게시판의 댓글로 비판할 때는 무척 힘들었던 경험도 있었다. 결국 악역을 한 주인공으로 항의도 받고 내가 시무하는 교회에서 버스로 교인들을 동원하여 시위하는 사태까지 일어나기도 했다.

제8부

가족이야기

가족이야기

형님의 두 얼굴

나보다 7살 위 형은 종가집의 4대 장손이다. 내가 어려서부터 보아 온 것은 종갓집 장손은 마치 왕족과 같이 구별된 예우를 받는다는 점이다. 그 당시 종가를 지배하고 있는 인식은 장남 외에는 교육을 받을 필요도 없다는 인식이었다. 그래서 상대적으로 누나와 나 그리고 남동생 등 셋은 차별 속에서 자랐다. 장남은 새 옷을 입었고 식사도 쌀이 섞인 다른 밥으로 할아버지와 함께 별상을 받았다. 조청에 석류를 절인 보약도 장남에게만 먹게 했다. 형이 중고등학교를 다니는 동안 동생들은 학업의 기회가 상실되고 기약 없이 양보되었다. 누나는 초등학교에 보내지 않았고 초등학교에서 줄 곧 우등생이요 수석졸업까지 한 차남

마저 공부할 필요가 없다는 천대를 받고 자랐다.

형은 종가집 귀족으로서 온갖 호사를 누리며 자랐다. 군대를 갔다 온 후 공무원으로 시작하여 군청에서 30여년을 근무하면서 서기관까지 진급하여 창녕군내에서는 유지로 사셨다.

특별한 사명을 갖고 일하신 점은 문중의 족보를 편집 발간하는 일에 몰두하셨고 10월이 되면 각 지역에서 시묘제사를 지내는 문중의 가장 큰 행사가 있는데 타 지역까지 가서 시묘를 지내는 일에 중추적인 역할을 하셨다. 철저한 조상숭배사상에 몰입된 우상숭배자로 사셨다. 내가 형수와 조카들에게 예수 믿고 살자고 전도를 하면 똑같이 반응한다. 네 형이 예수 믿으면 온 집안이 다 예수 믿을 것이니까 형에게 가서 예수 믿게 하라고 했다. 그만큼 집안에서 영향력이 컸다.

예수는 안 믿고 교회를 돕다

형과 나는 내가 신학교에 입학한 23세부터 20여년 동안 서로 다른 길에서 그 나름대로 발전해 갔다. 형님은 지방에서는 출세한 서기관 공무원이셨다. 나도 목사가 되어 목회에 자리를 잡고 안정되게 살아갔다. 두 형제는 종교와 사는 방식이 아주 다른 모습으로 살아가던 중에 추석명절에 고향집을 방문하게 되었는데 형님으로부터 놀라운 미담을 듣게 되었다. 이 지역에 있는 두 교회가 예배당을 짓다가 불법 건물로 법을 위반하였고 주민들이 극구 반대하는 민원을 제기하여 공사가 중단되고 철거될 위기에 봉착했는데 내가 동생이 목사인데 저런 처지가 되면 얼마나 힘들까 하는 생각이 나더라는 것이다. 동생을 봐서라도 교회 건축이 되도록 도와야겠다는 마음이 들었고 한다. 군수와 상의할 때 난색을 표하면서 도청감사에 걸리면 큰 문제가 될 수도 있다고 만류했다는 것이다. 어디서 나온 용기인지 제가 책임지겠습니다 라며 법적으로 보완하여 부지도 형질을 바꾸고 건축허가도 제대로 받아서 교회당 공사하는데 결정적인 역할을 해주었다고 내게 자랑하셨다. 군청 기획실장이 이용호 목사 형이라는 것을 알고 창녕지역 목사님들이 감사인사를 전해 왔다. 그런데도 형님은 복음을 받아들이진 않으셨다.

   몇 년 후 내가 목회학 박사학위를 받고 고향에 갔더니 또한 박사 동생이라고 자랑하셨다. 내가 64세 때 교단총회장으로 활동할 때는 군청직원들과 동네 사람들에게 동생이 기독교세계에선 최고의 지도자가 되었다고 막무가내로 자랑하셨다고 들었다. 그러나 형님은 저의 복음제시를 받아들이지 않으셨다. 끝끝내 조상숭배자의 모습을 남긴 채 생을 마감하셨다. 자녀 중 막내 딸 부부는 예수를 믿고 신앙인으로 살지만 독자인 조카는 아버지를 빼 닮은 조상숭배자의 모습으로 대물림을 하고 있다. 수대 째 조상숭배의 종가전통은 아직도 깨어지지 않고 있다. 형님은 동생의 목회와 사역은 그토록 자랑하면서도 신앙의 길은 달리하셨고 서울에 많은 출장의 길에 숙박하는 기회도 있었으나 동생 목사 집에도 들르지 않았고 교회예배에도 한 번 참석하지 않으셨다. 형님은 그렇게 두 얼굴의 모습으로 내게 새겨져 있다.

부모님과의 추억 스토리가 없다

아버지는 종가집 장손이었고 어머니는 종가집 맏며느리라는 신분으로 일생을 사셨다. 두 분은 배움이 없는 촌노이셨다. 아버지는 겨우 한글을 띄엄띄엄 읽는 정도이고 어머니는 전혀 글을 알지 못했다. 내 기억으로는 부모님과는 추억의 스토리가 전혀 생각나지 않는다. 우리 집은 무속신앙과 조상숭배로 찌든 가난한 집이었다. 시계나 라디오는 물론 전기도 없는 벽촌의 환경이었다. 부모님과는 편지를 교환하거나 전화를 한 번 한 적도 없고 잘못하여 꾸중을 듣거나 매를 한 번 맞아본 적도 없다. 다정하게 훈계를 하시거나 좋은 소식을 전해주는 일도 없었다. 대화와 견문의 폭이 좁았고 늘 빚으로 제사 지내는 걱정하는 모습만 보아왔다. 어머니는 매년 무당굿을 했고 가족이 아프면 무당을 불러 미신적인 방법으로 치료하는 미니 굿이 늘 있었다.

조상숭배와 무속신앙이 깊이 뿌리박힌 중가집에서 부모와의 의미 있는 추억이 있을 수 없었다. 생각을 짜내어 보니 아버지께서 읍내 5일장이 서는 날 나를 데리고 가셨는데 돼지국밥을 사 주셨다. 얼마나 맛있든지 지금도 유일하게 남아있는 추억이다. 그러나 스토리가 없는 추억이다. 아버지는 국밥만 사 주시고 한 마디 대화도 없었다. 나는 부모님을 존경한다. 그러나 두 분은 불행한 여건에서 일생을 사셨다. 너무나 마음 아프고 애처로운 나의 부모이셨다. 제대로 교육을 받으셨다면 더 나은 기회도 누리고 큰일도 하셨을 것인데 배우지 못한 무학의 인생으로 밑바닥에서 자식들에게 추억의 스토리를 하나도 남겨 두지 못하고 가셨다.

목사님들이 설교하실 때나 글을 쓰신 책을 보면 부모님과의 추억어린 스토리를 많이 소개하셨다. 우리 주변에 명강사들의 강의에도 부모님과의 미담들이 많이 소개되고 있다. 그럴 때마다 나도 부러우면서 한편으로는 서글퍼지는 감정이 혼돈스러웠다.

부모님의 사랑, 교훈, 모범, 덕망, 명예, 살고 가신 업적의 흔적들은 자식들에게 어떤 보화보다도 값진 유산이요 소중한 삶의 도구요 행복의 원천이 될 것이다. 그 모든 소요가 삶의 스토리를 만들어 내고 길이 물려줄 대대의 자산이 될 것이다.

나의 아버지는 조용한 성품이요 늘 수동적인 처신을 하는 자세로 사셨다. 그러나 어머니는 매우 강직한 성품이셨다. 무속신앙에 광신적인 더 나아가 며느리에겐 큰 절벽과 같은 고집을 부리면서 사셨다. 나의 형수는 딸을 넷 낳고 다섯 번째 막내로 아들을 낳았다. 딸을 넷 낳은 긴 세월동안 아들을 못 낳는 종가집 맏며느리가 겪은 멸시와 수모는 상상할 수가 없었다고 한다. 형수는 조상의 제사를 모실 대를 이어주는 아들을 낳기 전 까지는 사람으로 취급을 받지 못하고 구박을 받았다고 주변 친족들이 일러 주었다.

교회에는 신앙가문이 많다. 4대 혹은 3대 신앙가문도 있고 부모가 신앙집안인 경우도 허다했다. 그러나 우리 종친의 친족 중에는 아직도 나보다 먼저 목사나 장로가 된 사람을 만나보지 못했다. 그만큼 복음을 늦게 받은 집안이었다. 나는 이씨 성을 가진 목사나 장로를 만나면 본을 물어보는 경우가 많다. 혹시 광주이씨(廣州李氏) 아니시냐고...

부모님과 추억의 스토리가 없는 아쉬움을 다른 것으로는 결코 채울 수 없는 빈자리이다. 내가 초등학교 졸업 후 중학교에 진학을 못하고 4년을 보낸 16살 때 친구의 전도를 받고 교회를 다녔고 17살 때 부산에 사신 외삼촌이 저를 가정교사로 외사촌 동생 넷을 가르치게 하면서 학원에 보내어 속성코스로 중고등부 과정을 공부하게 하셨다. 내겐 행운이있다. 늦게 고등학교를 마치고 고향 집에 와 있으면서 군청에 인턴공무원으로 근무하다 신학교에 진학하면서 고향집을 떠났다. 그 후로 부모님과도 단절된 길을 살아오다가 두 분이 별세하시기까지 전혀 교분이 없었다. 예수를 믿는 신앙과 무속신앙과 조상숭배는 삶의 단절을 가져 왔다. 내 생애에 바꿀 수 없는 가장 큰 허전함은 부모님과의 추억의 스토리가 없다는 점이다.

영적인 고립감

내가 16세 때 교회를 다니다가 21세 때 세례를 받고 23세에 신학교에 입학을 하고 보니 내 주변에는 예수를 믿는 친족이 거의 없었다. 입학식을 할 때 목사 아버지, 장로 삼촌, 권사 엄마들이 오기도 했다. 평소에도 학교에 친척들이 찾아오기도 하고 가족들이 와서 식사도 사 주고 용돈을 주는 것도 목격했다. 그런데 대학부 4년 동안 내 주변에는 아무도 찾아오는 이 없었다.

할아버지와 아버지는 조상숭배에 빠져 있고 어머니와 누나는 무속신앙에 광신자가 되어 있는 종가로서 예수를 믿지 않는 집안이었다. 우리 집안에 나보다 먼저 목사나 장로가 된 사람이 있는지 물어보는 습관이 되었다. 나는 영적으로 너무나 외로웠다.

광야에 버려진 고립감이 나를 더욱 힘들게 했다.

그런데 내게 한 사람이 다가왔다. 내가 전도사로 섬기던 충무제일교회에 50대의 여 집사님인데 내가 토요일 교회에 가면 해삼을 사 와서 먹여 주시는 일이 종종 있었다.

"힘내어야 공부도 잘 하겠지, 내가 전도사님 위해 항상 기도하고 있어요."

격려의 말씀으로 응원해 주셨다.

내겐 신앙의 어머니가 생긴 축복이었다. 그녀는 권사가 되었고 교회에서 기도생활과 교회봉사에 가장 헌신적인 열정을 가지고 있었다. 한번은 내게

"이 전도사, 내가 믿음의 어머니가 되어 평생 기도로 돕는 일을 하면 안 될까?"

라고 물었지만 이미 결심하고 계셨던 것이다.

1년 쯤 지났을 때 권사님이 여러 달 기도하고 하는 말이라고 하면서

"이 전도사, 선을 한 번 보게나. 좋은 신부감이 있어서 내가 눈여겨 보았는데 자꾸만 이 전도사와 짝으로서 잘 어울리는 것 같은 생각이 드네."

라고 어렵사리 제안하셨다. 지금 저는 준비가 안 되어 었다고 정중히 거절했다. 한 달 후 권사님이 상대여성을 구체적으로 소

개하셨다. 일고 보니 다른 교회 교인으로서 우리 교회 새벽기도회에 어머니와 함께 출석하는 낯이 익은 여성이었다. 내 감정이 야릇하게 움직였다. 그런데 그 여성보다 함께 나오신 어머니가 너무나도 인자해 보이고 귀부인처럼 귀태가 갖추어진 모습이었다. 내 마음이 총각의 춘심이 발동했는지 학교에 가서도 두 모녀의 모습이 자꾸 연상되었다. 선을 보지 않아도 외모는 익히 보았기 때문에 다른 면이 내 마음을 움직였다. 아버지는 초등학교 교장이시고 어머니가 믿음이 좋은 집안이구나... 순간 내게 우리 부모님과 집안을 비교해보니 내세울 것이 전혀 없었다. 배우지 못한 부모님, 가난한 촌 집안에 조상숭배와 무속신앙에 젖어있는 우리 집과는 전혀 어울리지 않았다.

  나는 위축이 되었다. 나는 상대여성과 그 부모님과 집안이 너무 부러웠다. 몇 달을 망설이다가 선을 보겠다고 했다. 드디어 부모님도 뵙고 내 부모님과 내 신상을 다 말씀드렸다. 그리고 결과를 기다리는 입장이 되었다. 그 때 내 마음을 끌었던 점 하나는 장모와 처형이 신앙심 깊은 영적 울타리가 되어 있고 교회와 이웃에게도 덕망이 높은 어른이라는 점이 나의 영적인 고립감을 극복해 주시겠다는 믿음이 있었기 때문이다. 내게도 기도해 주는 가족 울타리가 생긴다는 자긍심이 나를 결혼으로 이끄는 끈이 된 셈이다.

3년 후 내가 신학대학원을 졸업하게 되었다. 그 때 수석졸업생으로 상도 받고 칭찬도 받았지만 나의 직계 친척들은 그 기쁨에 동참하지 않았고 신학대학원 졸업에 의미도 몰랐고 수석졸업의 기쁨도 나눌 수 없었다.

결혼 후 하나님은 나의 영적 고립감을 교회의 신앙인들을 통하여 하나씩 해소해 주셨고 그 빈자리에 은혜와 위로로 채워 주셨다.

결혼과 신혼생활

신랑 27세, 신부 25세 그 당시 결혼적령기에 우리는 결혼을 했다. 돌이켜 보면, 상상도 할 수 없는 결혼을 했다. 가족들의 무관심 속에 마치 신랑이 무임승차 하듯이 돈 한 푼 들이지 않고 결혼을 했다. 부모님은 조상숭배와 무속신앙에 빠져 살았기 때문에 신학을 공부하는 내게는 관심이 없었다. 대학부 4학년 그 해 6월 2일에 부산삼일교회당에서 박치덕 목사님의 주례로 결혼식을 올렸다.

내게는 주례자와 신랑신부가 함께 찍은 사진 한 장 외엔 기념사진이 없다. 그 때는 스냅 사진을 찍는 일도 거의 없었고 가족과 친구들과 찍은 사진도 없는 경우가 많았다. 내 친구가 조그마한 수농식 카메라로 스냅 사진을 찍었는데 엉터리로 찍어서 한 장의 기념사진도 없는 결혼식이 되고 말았다.

사실 나는 신부에게 결혼반지도 해주지 못했다. 통상적으로 신랑에게는 시계를, 신부에게는 금반지를 선물하였지만 신부의 반지와 목걸이와 팔찌 등은 신부측에서 장모님이 마련하여 신랑이 선물해 준 것이라고 하여 가난한 신학생의 처지를 변호해 주신 것이다. 그런데 그 신부의 패물마저도 2학기 등록금을 마련하기 위하여 2개월 만에 다 팔게 되었다. 신부는 기쁜 마음으로 팔자고 동의했지만 나는 못난 남편의 처지에 위축되어 매우 괴로운 마음으로 신혼생활을 보냈다.

그 뿐만 아니라 신혼 살림살이를 장만하는 일에도 장모님이 옷장 하나 외에는 모든 살림살이를 다 마련해 주셨다. 그러나 옷장 하나 신랑 된 내가 하겠다고 했으나 대책이 없었다. 나는 내 사정을 외삼촌에게 상의했더니 자신이 보증을 서고 외상으로 조그마한 옷장을 장만하여 겨우 신혼방을 꾸렸다. 결혼식과 살림살이를 시작하면서 신랑 된 내가 신부에게 해 준 것은 외상으로 산 옷장 외에는 아무 것도 없었다. 마치 내가 팔려온 감정으로 신혼생활이 나 혼자만의 깊은 상처를 삭히면서 공부하는 일에만 열정을 쏟았다.

결혼 후 아내는 바로 임신을 했다. 허니문 베이비가 생긴 것이다. 그 당시 나는 신학대학원 1학년이었고 부산범천교회 전도사 시절이었다. 사택이 산비탈 언덕에 있는 달동네 집이었다. 골목에다 계단도 불규칙 하고 높낮이가 일정하지 않아 매우 불편했다. 임산부가 그 길을 오르락 내리락 하는 것은 고행이었다. 아내는 무척 힘들어 하면서도 그대로 살 수 밖에 없었다. 드디어 아내에게 출산의 고통이 찾아왔다. 마침 처형이 조산원 자격자로서 출산을 치르는 경험이 많았기에 집에서 출산하게 되었다. 첫 아이가 나왔는데 팔다리가 힘이 없고 비정상적인 아이로 나온 것이다. 8개월 만에 출산했기 때문이다. 언덕 계단 길을 오르 내린 환경 때문에 아이가 미숙아로 출산하게 된 것이었다.

그런데 문제는 따로 있었다. 주변에서 농담 삼아 수근 거렸다. 결혼한 지 8개월 만에 아이를 낳은 것 보면 속도위반을 한 것으로 오해의 상황이 되고 말았다. 아이는 인큐베이터에 갈 정도는 아니어서 특별관리로 키웠지만 출산의 기쁨이 오해를 받는 상황이어서 더 신중한 신혼의 대가를 치렀다. 나의 결혼과 신혼은 해프닝이 있었지만 하나님은 저의 부족과 우리 부부의 약점을 은혜로 다 채우셔서 복을 내려 주셨다. 결혼 후 3년 만에 두 아이를 얻었고 신학대학원을 수석으로 졸업하는 기쁨과 강도사 고시를 단번에 합격하는 보람을 누렸다.

그렇게 훈련시킨 하나님이 강도사의 자격으로 개척교회를

섬기는 사명자로 저를 부르시고 새 출발을 하게 하셨나. 그때부터 제 2단계의 목회연단이 시작된 것이다. 이 모든 일들이 결혼 후 신혼생활 3년이 지난 시점에 일어난 하나님의 소명의 손길이었다.

마누라 자랑은 팔불출

우문현답 논리가 있다. 다시 결혼해도 지금 배우자와 하겠느냐고. 절대로 안 한다는 사람도 있고 그대로 하겠다는 사람도 있다. 나는 단연 후자로 답할 것이다. 그 이유는 이만한 여자를 만날 수 없기 때문이라고. 어쩌면 팔불출 같은 사람이기도 하다.

물론 아내에게도 여성으로서 미달하는 점들이 있고 남편의 입장에서 불만스러운 점도 있지만 지금의 시점에서는 장점만 보기로 했다. 54년의 결혼생활에서 우리만 느끼고 알던 숨은 스토리들을 자랑거리로 당당히 말해 보기로 한다.

영적으로 순수한 민감성을 지니고 있다.

혹시나 하나님 앞에 잘못 살고 있지는 않는지 자주 내 곁에서 영적인 각성을 일깨워 주기도 한다. 조용하게 드러나지 않게 기도를 깊이 있게 하는 모습을 자주 보아 왔다. 또한 물질에서는 십일조 정신을 철저히 지키면서 믿음으로 관리하는 자세도 일관되게 지키고 있다. 아마 어머니와 언니가 로이스와 유니게 같은 신앙의 여인들이었기에 믿음을 물려받은 유업을 간직한 듯하다.

분별력과 판단력이 매우 지혜롭다.

사모로서 살아오면서 여러 유형의 사람들이 고통과 문제를 상담해 오기도 한다. 일반적인 상식으로 대화하면서 위로와 격려를 해 주기도 하고 지속적으로 관심을 가지고 이끌어 주는 측면도 보람을 느낄 때가 많다. 남에게 상처 주는 말이나 공격하는 자세를 취할 줄 모른다. 그러나 특수한 경우에는 통 큰 관심과 후원으로 섬길 때도 더러 있다.

정신력과 열정의 은사가 탁월하다.

자신의 문제나 환경적인 문제에 대해 역경을 참고 돌파하는 인내심이 강하다. 정신력의 힘이다. 살아오면서 여러 고비들이 있었지만 강인한 정신력으로 극복해 갔다.

그리고 여러 면에서 열정이 발휘되고 있다. 등산하는 열정과 자전거 트레킹은 지구력도 좋지만 즐기는 열정도 탁월하다. 탁구를 즐기는 열정도 한결같다. 그리고 은퇴 후에는 텃밭 가꾸기에 푹 빠져 있다. 채소 한 포기를 마치 애완 채소로 돌보고 가꾼다. 나와 함께 여행이나 나들이를 해도 조금이라도 더 좋은 코스를 더 보고 싶어 한다. 그리고 사진도 남이 못 보는 장면을 찾아서 즐기는 열정이 한결 같다.

알뜰한 비즈니스 우먼이다.

아내의 숨은 은사 중 알뜰함은 누구와도 비교할 수 없는 점이다. 나는 가난한 환경에서 자랐고 40여세가 되기까지 늘 빈곤한 목회자의 환경에서 살았다. 40여세가 되던 때부터 하나님께서 제게 은사를 주셨다. 제직수련회 집회를 인도하는 열정이었다. 부산에서 6년 여 동안 1년에 70여회의 인도가 있었고 교파를 초월하여 수백 여 교회 정치기 훈련을 인도했다. 상당한 사례금이 모였고 경제적인 환경도 여유가 있었다. 45세에 서울로 이동해온 후로도 청지기훈련을 위한 집회인도가 계속 이어졌다. 후에 알았지만 아내는 철저히 십일조를 드리면서 알뜰하게 저축하는 비즈니스 기법으로 살림을 관리해 왔던 것이다.

한번은 직불카드를 주면서 좋은 옷을 사든지 마음껏 써보라고 주었는데 그대로 가지고 있다가 내게 돌려주었다. 내가 목회 중 동래제일교회 개척 때와 송도제일교회 시무 때와 서울영천교회 시무 때 세 차례의 건축헌금 작정이 있었다. 경제적으로 큰 멍에였다. 모범적으로 헌금을 안 할 수 없었다. 정말 믿음으로 작정하고 하나님을 의지할 뿐이었다. 2003년 서울영천교회에서는 상당액의 건축헌금을 작정했는데 아내가 더 큰 믿음으로 작정했다. 당시에 서울근교에는 2억원의 아파트를 살 수 있었다. 아내가 그동안 알뜰히 모았던 돈을 기쁨으로 하나님께 드렸는데 조금만 더 대출을 받으면 아파트를 한 채 마련할 수 있는 절반이 훨씬 넘는 액수를 헌금했다. 그 후 하나님은 우리에게 몇 배의 경제적 풍요로 채워 주셨다.

아내는 내 생애 하나님이 주신 최고의 선물이다

내가 아내에 대해 항상 못 미치는 부족함을 잘 알고 있다. 나는 세밀하지도 않고, 다정하지도 않고, 미소도 없고, 노래를 흥얼댈 줄도 모르고, 표정이 늘 냉정하고, 여자를 편하게 대해주거나 행동을 할 줄도 모른다.

살아오면서 집에서 아내가 나를 부르는 호칭이 많다. 여보, 영감, 뭉치야, 인간아, 물건아, 돌쇠야 등이다. 텃밭에 가면 돌쇠가 되어 강제노동자로 바뀐다. 집에서는 뭉치야가 자주 쓰인다. 설거지를 하다가 그릇을 가끔 깬다. 그것도 자주 사용하고 아끼는 것을 여러 개나 깨먹었다. 청소를 해도 아내의 마음에 드는 경우가 거의 없다. 그래시 내가 바라는 호칭을 듣는 게 드물디. 내기 시 고뭉치의 전과가 있지만 그래도 해고를 하지 않고 부려먹는 걸 보면 아직 쓸 만한 뭉치인가 보다.

정직하게 평가하면 나는 남편으로서 또는 아이들에게 아버지로서는 함량미달이다. 목사로서 내가 맡은 목회자로서는 기본 평점을 겨우 유지하고 살아온 것 같으나 아쉬운 면도 너무나 많았다.

나는 돈이 있으면 쉽게 낭비하는 습성이 강하다. 아내의 지혜롭고 현숙함이 내 목회와 환경을 안정되게 버티게 준 역할이 있었기에 그나마 남들이 부러워하는 모습으로 노년을 살고 있다.

퇴임 인사

지난 48년간의 사역을 퇴임하면서 하나님의 은혜와 예수님의 사랑과 성령의 위로에 대하여 감사와 찬양과 영광을 돌립니다.

부임 후 27년 동안 저에게 교회와 교단과 교계를 위하여 소신껏 사역하도록 어머니와 같은 역할을 해 준 서울영천교회에 감사를 드립니다. 지난 세월에 받은 사랑도 넘치는데 또 원로목사로 과분한 예우를 해 주신 일에 송구한 마음과 함께 감사를 드립니다.

저의 퇴임식을 위하여 바쁘신 중에도 원근에서 오셔서 설교와 여러 순서를 맡아 주신 분들과 또한 축하와 격려를 해 주신 친지와 성도님들 그리고 글과 선물 등으로 축하해 주신 모든 분들에게도 감사를 드립니다.

저의 목회여정(부교역자 7년, 담임목회 41년)은 한 마디로 은혜와 인내와 그리고 위로의 목회라고 정리할 수 있습니다.

먼저, 나의 나뉨과 사역은 전적으로 하나님의 은혜였습니다. 산촌에서 자란 사람이 빈손으로 시작한 신학공부를 마치고 부족한데도 퇴임까지 목회자의 길을 감당하게 하신 것은 전적으로 한량없는 주님의 은혜입니다.

또한, 저의 목회의 길은 인내의 길임을 온 몸으로 체감하면서 살아왔습니다. 개척교회 시절에는 두 아이의 결핵투병으로 위기를 맞았고 아내는 저가 신학교 시절부터 10여 년간 돈 빌리는 전문가가 되어 찌든 가난도 극복해야 했습니다.

담임목회 초기에 성도간의 소송과 세상법정으로 까지 가는 시련과 그에 따른 시벌과 가중처벌의 소용돌이 속에서 혹독한 연단도 치렀습니다. 그래도 참아야 했습니다.

목회 중 세 번의 건축헌금 작정은 매우 무거운 부채였으나 사명감으로 감당해야 했습니다. 이단대책과 상담사역을 계속해 오면서 이단자들에 의한 고발과 협박도 감수해야 했습니다. 교단에서 책임있는 직책을 맡아서 섬겨오는 동안 언론과 사람을 통하여 모함과 공격도 수없이 받았지만 참아야 했습니다.

한 순간도 주님을 바라보면서 참지 않고는 한 걸음도 목회의 길을 갈 수가 없었습니다.

그러나 저의 목회의 길에는 위로도 넘쳤습니다. 참으로 행복한 순간도 많았습니다. 목사의 행복은 좋은 성도들을 만나는데 있습니다. 특히 충성된 장로님들을 만나야 위로를 얻습니다. 저에게는 당당히 자랑할 수 있는 네 '이상형 장로'님들을 많이 만나서 목회한 것이 최고의 위로였습니다.

그들의 교역자 사랑은 특별합니다. 변함없이 위로와 격려를 해 주셨고 교역자들과 가장 많이 식사를 나눈 추억이 새겨져 있습니다. 저는 항상 느낍니다. 장로님의 마음에는 저를 향한 관심이 늘 중심에 있었습니다. 장로님들은 내 목회에 신실한 바나바였습니다.

또한 역대 선교위원장을 역임한 장로님들에게 큰 위로를 받았습니다. 특히 세계선교위원장과 총회장 재임 시에 수많은 국내외 선교행사 때마다 적극적인 후원으로 참여해 주시고 오늘날까지 선교 사역에 헌신할 수 있게 해 주셨습니다.

넉넉한 마음의 형님이 되어 주셨던 장로님들, 신실한 동생이셨던 집사님들, 자상한 누님이셨던 권사님들, 혈육처럼 가까이서 손발이 되어 주셨던 교역자와 직원들, 그리고 보이지 않는 곳에서 교회를 위해 헌신해 주신 신실한 성도님들에게도 고락의 추억이 함께 새겨져 있습니다.

저는 목회에 두 축을 붙잡고 사역해 왔습니다. 하나는 교회의 거룩성과 도덕성의 목회입니다. 이것은 교회의 본질이요 어떤 불이익이 와도 타협없이 수호해야 하는 목회의 신념이기에 때로는 사람들에게 섭섭함과 상처를 주기도 했습니다. 이 모든 일들이 송구스럽습니다.

또 하나는 빚의 목회입니다. 저의 목회여정은 늘 빚을 졌습니다. 그러나 사역은 멈출 수 없었습니다. 빚내어 부임이사하고 빚내어 공부하고 빚내어 집들을 사고 성전을 건축하고 사택을 짓고 그리고 빚 가운데서 은퇴식을 하고 있습니다. 저는 하나님께서 빚도 도구로 쓰시는 것을 확신하고 사역하였습니다. 일거리가 생기면 언제나 빚내어 하자고 했습니다. 이제 은퇴하고 나면 빚의 목회로부터 자유하겠습니다.

이제 저는 네 가지 기대를 가지고 살려고 합니다.

첫째, 건강이 되는 한 복음을 전하면서 활동하기를 기대합니다.

둘째, 원로목사와 후임목사 간에 아름다운 모범을 기대합니다.

셋째, 영천교회가 후임목사를 저보다 더 사랑해 주시기를 기대합니다.

넷째, 서울영천교회원로목사, 고신총회장, 대한성서공회이사장 이 세 가지 신분과 명예를 지키면서 살기를 기대합니다.

끝으로, 내 목회의 절반을 담당해 준 제 아내에게 꼭 감사할 말이 있습니다.

먼저 인간미 부족한 남편을 이해하고 사랑해준 것 고맙고 감사합니다.

또한 긴 목회여정에 힘든 환경에서도 끈기와 사명감으로 알뜰하게 살아준 것 고맙고 감사합니다.

그리고 내가 분별없이 언동을 할 때마다 총명한 판단력으로 내조해 준 것 고맙고 감사합니다.

여보 진정으로 사랑합니다.

-보잘 것 없는 은퇴목사의 숨겨진 삶의 스토리-
나는 살아야 할 이유가 있다

■
초판 1쇄 인쇄 / 2024년 8월 10일
초판 1쇄 발행 / 2024년 8월 15일

■
지은이 | 이 용 호
펴낸이 | 김 수 관
펴낸곳 | 도서출판 영문

■
주 소 | 03401 서울시 은평구 역말로 53(역촌동)
TEL | (02)357-8585
FAX | (02)382-4411
E-mail | kskym49@daum.net

■
출판등록번호 | 제 03-01016호
출판등록일 | 1997. 7. 24

값 12,000원
ISBN 978-89-8487-362-9 03810
Printed in Korea

ⓒ 2024. 이용호 All rights reserved
파본은 교환해 드립니다.
본 출판물은 저작권법으로 보호 받는
저작물이므로 출판사나 저자의 허락없이
무단 전재나 무단 복제를 할 수 없습니다.